Crônicas do Magistério

e outros causos

2ª Edição

Vana Miletto

Dedico esse livro a todos os meus alunos do Ensino Fundamental I, da Graduação, da Pós-Graduação; aos colegas de trabalho e profissão, aos meus filhos e a todas as pessoas que passaram pela minha vida e me fizeram enxergar que tudo pode ser engraçado, até mesmo um evento triste pode ser motivo de alegria, basta o grau de importância que você dará ao fato e ao que ocorre em seu entorno, bem como o foco para onde você vai direcionar o seu olhar. A vida nos oferece uma gama de opções, só precisamos escolher o que melhor nos apraz!

Itapetininga, 01-11-2014

Pai, tudo o que eu disser ou fizer, ainda será pouco! Às vezes digo que o senhor e a mãe não souberam nos educar para viver nessa sociedade onde a lei do mínimo esforço e a lei dos atalhos é o que move o mundo. Muitas vezes pensei em trilhar o caminho mais curto e mais fácil, porém a educação que vocês nos deram foi tão marcante que a vontade do caminho fácil surgia e logo ia embora. Enfim, nunca consegui fazer parte desse universo que corrompe o ser humano e isso tudo graças ao que aprendi com o senhor e com a mãe.

Não me arrependo da escolha que fiz, mesmo com toda a dificuldade e a não valorização da minha profissão. Me recordo que antes da estreia como professora, o senhor trouxe como presente assim que chegou do trabalho, um embrulho com uma camisa azul turquesa com listras brancas na horizontal, uma saia azul do mesmo tom, juntamente com um par de sapatos pretos e me entregou dizendo: "Agora que você é professora, não pode andar de qualquer jeito, professora tem que se vestir bem!" Obrigada pai por tudo e principalmente por fazer com que me sinta feliz por ser sua filha e por não permitir que nada abale os princípios da educação que recebi do senhor e da mãe! Te amo!

Vana Miletto – Maio/2015

PREFÁCIO

Desde o nosso primeiro contato na sala do 1ºCiclo do Curso Tecnológico de Comércio Exterior, na Fatec "Prof. Antonio Belizandro Barbosa Rezende", de Itapetininga, eu estava convicta de que a aluna Vana Miletto não seria mais uma com quem conviveria, em tantos anos de magistério.

E foi numa dessas aulas, já no 2º ciclo do mesmo curso, que Vana me surpreendeu ao apresentar alguns de seus escritos e me pediu a opinião; e, mais, solicitou que escrevesse o prefácio daquele que seria seu primeiro livro de crônicas.E assim ele nasceu. Apresento-lhe, caro leitor.

Em "Crônicas do magistério e outros causos" a aluna-autora revisita seus mais de 30 anos de trabalho em favor da educação e deles pinça histórias do cotidiano escolar. Sua intenção é retratar o dia a dia com olhar repleto de alegria e, por vezes, com humor, apesar das situações não serem propriamente humorísticas.

As relações e interações com a família permeiam seus textos com o carinho, o amor e, acima de tudo, a paciência de mãe. Cada história é o retrato de bons momentos vividos com os filhos pequenos e toda traquinagem própria da idade.

Crônica a crônica, Vana escancara sua vida e pode-se perceber claramente sua verdadeira vocação para o magistério e seu enorme prazer em trabalhar com pessoas, em fazer parte do universo em que alunos, professores e demais funcionários convivem, seja em harmonia, seja em guerra, mas sempre com o desejo de acertar e, sobretudo, aproveitando para extrair uma certa dose de humor de cada situação.

As "Histórias de hospital" apresentam, sem nenhuma dúvida, o lado mais sensível de Vana; nelas a autora transforma todo nervosismo e instabilidade do momento em "causos", talvez para disfarçar a preocupação com algum ente querido adoentado ou para não perder o momento de escrever sobre o assunto e provocar boas gargalhadas a seus leitores.

Em "A palavra é humor", seus editores esclarecem que a palavra humor vem do latim "humore" e significa líquido. Com ele os antigos designavam as substâncias fluidas que circulam pelo corpo, como o sangue, a linfa, a bílis, enfim, as seivas da vida. Por que, então, chamar de humor a disposição de espírito que nos faz rir dos outros e de nós mesmos? Será que humor é, acima de tudo, energia vital e transformadora?

Qualquer que seja a resposta às perguntas, uma coisa é certa: "Crônicas do magistério e outros causos" apresenta textos bem-humorados e delineia caminhos para uma leitura prazerosa e fluida; a piada e a gozação presentes nas crônicas são a mais completa tradução da vitalidade transformadora do ser humano.

Muitos veem na leitura uma perda de tempo. Têm razão: a arte é inútil, já dizia Paulo Leminski. Não serve pra nada além do prazer que dá. Como pensar, ler ainda por cima dá trabalho, é preciso parar tudo e alienar-se do mundo para que a relação com o texto se estabeleça. Além do mais, ler vicia. Porque se torna uma espécie de droga a que ficamos dependentes porque simplesmente nos dá prazer.

Espero que o vício da leitura se instale em cada leitor e não o deixe por mais que insistam ou inventem tratamentos terapêuticos para combatê-lo. "Crônicas do Magistério e outros causos" pode bem ser o começo de um vício tão intenso a ponto de jamais ser possível reverter tal quadro.

Se fosse possível, o texto diria a você, querido leitor: Leia-me, leia-me.

Eu recomendo.

Profª Nathalia Christina Fonseca Cerqueira

Mestra em Língua portuguesa

INDICE

A SALA MONSTRO

O título é sugestivo, porém não se trata de nenhuma história de terror, você pode ficar tranquilo, mas que a sala gostava de uma bela desordem e bagunça não posso negar. Dizem que os fins justificam os meios e nesse caso realmente se justificam; essa foi mais uma das minhas obras de "arte", pra não dizer "caca generalizada", que acabou dando certo.

Trabalhava em uma escola muito interessante, a comunidade até que não era difícil de lidar, mas os professores, estes sim eram difíceis de lidar. Certo ano, nos deparamos com um problema de comportamento no Ensino Médio, que nos rendeu muitas reuniões durante o semestre, ou seja, em cada sala do primeiro ano havia sempre dois ou três alunos que não davam sossego, era sempre a mesma história, conversa e bagunça no fundão.

Cheguei a conversar com os alunos, porém foi em vão, a brincadeira e a bagunça não paravam. Por sorte, o problema era exclusivamente a bagunça e nenhum tipo de agressão física ou verbal.

Todas as noites eram as mesmas reclamações por parte dos professores, ninguém aguentava mais os primeiros anos. Curiosamente ao final do ano letivo todos os baderneiros ficaram retidos em número suficiente para montar uma classe e quando olhei para o quadro de alunos retidos, logo me bateu uma tremenda vontade de fazer uma arte.

Refleti, pensei, analisei e perguntei para mim mesma: E se eu montasse uma sala com todos esses desordeiros? Foi justamente o que decidi fazer sem permissão, sem consultar o premier e o corpo docente, muito menos o discente.

Ponderei e cheguei à seguinte conclusão: caso os coloque separadamente, todas as noites terei os mesmos problemas, ou seja, na hora do intervalo, durante o ano inteiro, serei obrigada a ouvir as mesmas reclamações, ladainhas e todos os professores insatisfeitos. Então, se colocar todos em uma única sala, haverá apenas os professores daquela sala e, os que lecionavam naquele dia, reclamando.

Matematicamente minha ação seria interessante e a probabilidade de reclamações diminuiria. Seria uma espécie de reclamação em sistema de rodízio, ou reclamação de forma organizada e eu estaria preparada para o contra-discurso da noite.

E assim decidi formar a suposta "sala monstro". Durante o período de férias docentes fiz a caca generalizada, montei aquela belezinha de sala. Ao iniciarmos o ano letivo seguinte, fiquei bem quietinha e deixei a coisa fluir. Vocês não fazem ideia de como foi o primeiro dia de aula; todos os professores daquela sala resolveram lembrar que Deus existia e reaprenderam a rezar, orar, fazer vodu e outras coisas mais.

Fiquei de prontidão a cada troca de aula e é claro a sala ficava próxima à sala da direção. E assim começou a primeira grande revolução naquela escola, a cada troca de professor eu ouvia menções a Deus e dessa vez ninguém tocava no Santo nome em vão.

A professora de português ao sair da sala proferiu as seguintes palavras:

__ Santo Deus! O que significa isso!

A professora de matemática ao sair da sala espantada disse:

__ Jesus Cristo, tenha misericórdia!

O professor de história:

__ Pai amado! Só Jesus na causa!

O professor de filosofia:

__ Senhor! Chamem um exorcista!

O professor de Biologia:

__ Santo Deus! Precisa de muita oração!

A professora de psicologia:

__ Santo é o Cordeiro!

O professor de sociologia:

__ Valei-me São Francisco de Assis.

E assim sucessivamente, cada professor lembrou a existência do Todo Poderoso e a semana transcorreu com todos os professores resgatando suas crenças. Porém, ainda na primeira semana de aula, além da curiosa religiosidade e devoção dos professores, um aluno daquela sala procurou-me e para minha surpresa ele era o campeão das reclamações no ano anterior.

Bateu em minha porta, pediu licença, cumprimentou-me e disse as célebres palavras:

__ Dona Vana, o que significa isso?

Fiz de conta que não sabia do que se tratava e respondi:

__ Isso, o quê?

__ Essa classe! Por acaso a senhora já foi até lá para ver como é?

__ Não, mas posso ir agora!

E assim eu fiz, dirigi-me à sala que estava uma bagunça, um fuzuê total, olhei para os alunos e não disse uma palavra sequer. Automaticamente ao me verem, os alunos se acomodaram, ficaram quietos e o representante de classe, o pai dos desordeiros, inconformado com a situação disse em bom tom de voz:

__ A senhora acha que dá pra estudar desse jeito? Olha a situação! Desse jeito ninguém aguenta, só tem diabo nessa classe!

Respirei fundo, pois minha resposta diante da classe toda não poderia causar mais confusão do que eu já havia feito, sendo assim respondi:

__ Não entendo o porquê da sua reclamação! Todos os que estão nessa classe têm algo em comum!

__ Como assim, Dona Vana?

__ Você já viu um sítio, uma fazenda que cria animais?

__ Já, por quê?

__ Você já viu galinha em chiqueiro de porco, cavalo no galinheiro, boi no chiqueiro?

__ Não, e nem pode! Cada animal tem que ficar no seu lugar!

__ Mas por que não pode misturar?

__ O animal mais forte pode acabar comendo o outro, quebrando os ovos da galinha e vai ser uma baderna total!

__ Pois é, então do que está reclamando? Eu fiz exatamente isso, coloquei todos os alunos iguais em uma única sala! Não posso colocar os desordeiros em salas diferentes, caso contrário vocês vão estimular o restante da sala a bagunçar, e, desse jeito como está, agora eu tenho somente uma classe bagunceira!

O rapaz ficou desconsolado e retornou cabisbaixo para a sua carteira. E assim a semana passou e os dias foram passando. Curiosamente as reclamações foram diminuindo os barulhos da classe cessaram e passados uns vinte dias após o início das aulas já não se ouvia mais reclamação, nem por parte dos professores, muito menos de alunos e o que eu havia imaginado aconteceu.

Os alunos que gostavam de chamar a atenção o faziam separadamente, porém, todos estando na mesma sala seria inviável, pois gostavam das mesmas coisas e sendo assim deveriam mudar o comportamento de alguma forma; se a intenção era demonstrar que eram diferentes, já não estava dando certo todos bagunçarem, tinham que chamar a atenção utilizando outra tática que não fosse a baderna generalizada.

Os alunos começaram a se comportar melhor e receber mais atenção dos professores, isso contagiou toda a sala e parece brincadeira, mas foi um amadurecimento coletivo. De repente todos resolveram estudar e prestar atenção às aulas. Por fim, terminamos aquele ano satisfeitos, pois aquela sala inteira foi aprovada e sem reclamações.

Hoje pensaria mil vezes antes de tomar essa decisão, foi algo que deu certo, porém naquela realidade e com aqueles alunos. Eu gostava deles, não tinha sérios problemas e a atitude extrema que tomei acabou dando certo.

Tivemos um bom resultado, porém com um ponto positivo e outro negativo: o positivo, foi que deu certo e os professores e alunos acabaram bem; o negativo, bom, o negativo foi que depois do bom resultado, os professores deixaram de rezar ou orar.

Mas aviso, não sigam este exemplo, é muito arriscado!

AS FACETAS DA LINGUAGEM

Pode até parecer estranho, porém acredito que tenho uma sorte danada ou vivo sob os efeitos da Lei de Murphy ou quem sabe talvez os meus olhos enxerguem o que não existe, os ouvidos escutem o que não devem e o cérebro processe de uma forma diferente as informações. Não sei o que ocorre, mas uma coisa é certa, sou um ímã dos atípicos.

Quando morava na capital paulista, tinha uma rotina extremamente agitada e, cada dia, mesmo trabalhando com as mesmas pessoas, os dias eram sempre diferentes e cada dia uma surpresa. Entre os anos de 1999 a 2009 trabalhava como diretora de escola e professora universitária. Nesse período ouvi, li e observei coisas muito engraçadas com relação aos atos comunicativos, eis abaixo algumas delas:

Certa tarde um aluno que era freguês assíduo da diretoria chegou à minha sala revoltado porque todos os dias um professor diferente mandava-o sair da sala. Como ele era muito danado sempre que chegava `a minha sala eu logo deduzia: fez uma nova traquinagem. Mas esse dia foi diferente, assim que ele entrou fui logo perguntando:

__ Você aqui novamente, o que foi dessa vez?

Ele prontamente respondeu:

__ Nem eu sei, a professora gritou e me pôs fora da sala.

__ Duvido que não saiba, qual é a nova do dia?

__ Juro dona Vana, dessa vez eu não entendi!

__ Então me conta o que aconteceu.

__ Sabe, quando a professora de português entrou na sala, todo mundo estava bagunçando, eu estava também. Então ela deu um grito e falou: quem não quiser assistir aula, pegue o material e saia da sala agora mesmo.

__ E o que você falou:

__ Nada, eu peguei a mochila e saí.

Sendo assim, eu disse ao aluno que estava tudo bem, mas assim que recebesse a próxima verba, iria comprar uma guilhotina e colocá-la no pátio da escola. O garoto ficou curioso querendo saber do que se tratava e é claro que eu disse ao pequeno infante que ele seria o primeiro a utilizar.

O garoto ficou muito curioso, porém antes que eu pudesse saciar sua curiosidade, a professora que havia autorizado sua saída chegou babando de raiva e já dizendo que não aguentava mais o aluno e queria que eu desse uma suspensão. Nesse caso perguntei à professora:

__ O que ele fez de tão grave para merecer suspensão?

A professora quase verde de raiva respondeu:

__ Ele saiu da sala!

O aluno como estava perto foi logo interpolando a professora dizendo:

__ Mas a senhora disse que quem não quisesse assistir à aula era para sair!

Então perguntei à professora se realmente ela havia dado essa ordem. Como a resposta foi positiva, disse a ela que então estava tudo bem, o aluno havia obedecido e não tinha necessidade de uma suspensão.

A professora ficou irritadíssima e insistiu que o aluno deveria ter ficado na sala, eu simplesmente respondi afirmando que ela deveria ter pedido para ele ficar e não sair. O aluno não poderia ser punido por isso.

Após ele ter voltado para a sala o aluno deu um largo sorriso, acreditando que estava a salvo e foi logo perguntando sobre a guilhotina:

__Dona Vana eu vou usar ela?

__ Ah, vai sim.

__ O que é uma guilhotina?

__ Já que está fora da sala, vá de sala em sala e pergunte aos professores de história sobre quem foi Henrique VIII e Ana Bolena, depois vá até a biblioteca e pesquise na prateleira de história. Se quiser, procure em um dicionário.

__ Tem que copiar?

__ Não, somente leia e entenda.

Passados uns 50 minutos ele voltou rindo e disse:

__ Dona Vana, a senhora é má.

Nesse momento percebi que o aluno compreendia bem as coisas, pois ele soube explicar direitinho quem era quem e associar o fundador da igreja Anglicana com a guilhotina. O problema não era o aluno, mas sim a comunicação professor versus aluno.

Aquele dia prometia ser um dos bons, assim que encerrei o turno de trabalho na escola, entrei no meu carro e fui para a universidade lecionar. Ao chegar na universidade após as primeiras aulas, tomei um café, fui ao elevador que me conduziria para dar as duas últimas aulas.

Assim que entrei uma aluna me perguntou:

— A senhora vai para a minha sala agora?

— Sim.

— Por quê?

— Segundo consta em nosso horário, desde o início do semestre eu dou as duas últimas aulas para a sua sala.

A aluna indignada insiste:

— Isso é absurdo, hoje é sexta-feira e estamos cansados!

__ Compreendo o cansaço, porém é minha aula e não abro mão disso.

A rebelde sem causa continua:

__ E se eu não quiser ficar?

__ Sem problemas, vivemos em um país livre e você é somente uma aluna e não prisioneira.

__ Mas então se eu for embora a senhora não vai colocar falta?

__ Claro que vou, aluno ausente, falta!

__ Isso é absurdo, não estou entendendo, a senhora me deixa ir embora mas vai colocar falta?

Fiquei sem entender a aluna, pois ela não conseguia assimilar meu discurso lógico sobre liberdade de ir e vir e falta por estar ausente. Essa foi mais uma das facetas da comunicação, só que dessa vez a aluna é que não compreendeu a mensagem. Conclusão, apesar de irritadíssima, assistiu às minhas aulas.

Outra armadilha da comunicação aconteceu comigo recentemente: estava retornando da faculdade para casa e próximo de casa um trabalhador de obras que fica sinalizando e controlando o fluxo de veículos quando se fecha um lado da pista, gesticulou para mudarmos de pista, indicando a pista esquerda. Assim que viramos ele acenou para voltar e pegar a pista da direita. Obedecemos ao sinal, porém ele não se decidia e ordenou que voltássemos para a pista esquerda.

Disse então ao meu filho que parasse o carro e esperasse que ele desse uma orientação mais precisa, porém o pacato cidadão ainda olhou-me zangado por eu não entender sua gesticulação. Senti uma vontade imensa de chamá-lo de imbecil, porém me contive.

Ainda para ajudar, na mesma semana, no mesmo bat local e bat horário, fui batizar a ponte que dá acesso ao trevo da cidade de Sarapuí. E, para minha surpresa e felicidade geral do povo, em um trecho da ponte encontram-se os motoristas que vêm de Itapetininga e os que vêm de Sorocaba. Justamente na pista em que ambos se encontram havia exatamente duas placas, ou seja, para quem vem de Itapetininga a placa com o triângulo indicando "dê a preferência" e na placa para quem vem de Sorocaba, o símbolo PARE.

Sinceramente, quando me deparei com tal situação, a minha cabeça de "O maravilhoso Mundo de Bob", deu o ar da graça e desmanchei-me em risos. Parei o carro e não parava de rir. Meu filho então perguntou:

__ Mãe, o que foi?

Respondi aos risos:

__ Olhe essas duas placas!

Ele olhou e disse:

__ Sim, mas qual é a graça?

A gargalhada aumentou, pois não acreditei que ele não havia percebido a situação que os motoristas enfrentariam ao chegar naquele ponto; e, sendo assim, respondi:

__ Como puderam fazer uma coisa dessas! Visualize a cena: um motorista para, porque a placa assim o diz, o outro para, pois a preferência é do motorista que parou!

Vocês conseguem vislumbrar a cena? Os dois param e vão tirar no par ou ímpar para ver quem passa primeiro.

Se eu ainda morasse na capital diria que a cena era patética. Se estivesse em Minas diria: uai, que trem esquisi é esse mesm". Caso fosse carioca, diria: Qual é cumpadi, que troço doido é esse merrmão. Como moro em Sarapuí, deveria dizer "é de moê" ou então "Xé, bocó". Se fosse em Itapetininga, diria "quaiei de ri".

BIOGRAFIA DE UM PEQUENO HEREGE

No dia 5 de maio do ano de 1997, nascia um belo menino medindo 51 centímetros e pesando 3 quilos e 100 gramas. Um belo taurino acabara de vir ao mundo e ninguém imaginava as metamorfoses pelas quais aquele pequeno anjo haveria de passar.

Assim que nasceu algo chamou a atenção de quem o viu pela primeira vez, um lindo bebê; tinha a pele bem branquinha, lábios vermelhos, vasto cabelo negro, olhos feito duas jabuticabas, longos cílios negros, um par de pés quase perfeitos se não fossem aqueles dedinhos remontados, parecidos com os dedos dos pés de um sinistro personagem da família Adams, o Tio Chico.

Os dedos eram simplesmente estranhos e destoavam daquele belo anjinho, um lindo rosto, um corpinho perfeito e dedos estranhíssimos. Ao completar seus 15 dias de nascido teve que ser submetido a uma pequena cirurgia. Seu dedão do pé esquerdo tinha uma unha encravada e o pior, a unha crescia horizontalmente. A situação estava delicada, pois ela crescera até sair pela lateral do dedão.

Que judiação do recém-nascido, tão bebezinho tendo que passar por cirurgia, embora de pequeno porte, não deixava de ser uma cirurgia.

O anjo crescia saudável a olhos vistos, deu seus primeiros passos aos dez meses de nascido, era muito esperto, porém não emitia uma só palavra, pensávamos que o bebê tivesse deficiência na fala. Interessante é que ele se comunicava perfeitamente por meio de gestos. Gesticulava tão bem, parecia conhecer a Linguagem Brasileira de Sinais.

Aos exatos dois anos de idade emitia pequenos grunhidos e, em função disso, foi levado ao pediatra especialista em deficiências da fala. Ao chegar ao consultório do pediatra, ele foi examinado por uma equipe, e logo após os exames, os médicos sorriram.

Eu logo perguntei:

— Doutor, meu filho é mudo?

Os médicos sorriram e responderam:

— Não mãe, seu filho é perfeito, aliás é muito inteligente!

— Mas qual o motivo para ele não falar?

— É simples, ele é tão inteligente que vocês entendem tudo o que ele quer por meio dos sinais. Você deve dificultar; como ele tem preguiça de falar, quando ele quiser algo, finja que não entendeu forçando-o a falar.

Não deu outra, ao chegar em casa ele sentiu sede. Puxou-me pela roupa, apontou o filtro e emitiu grunhidos. Fingi não compreender e insisti perguntando:

__ Fala pra mamãe o que você quer!

Ele respondeu:

__ Grrrrrrrrrrrrrrrrrr.

__ Não entendi meu filho, me fala o que você quer!

__ Grrrrrrrrrr, brrrrrrrrrrrrrr!

Judiei mais um pouco, até que ele disse:

__ Áua.

Foi uma festa, ele finalmente havia evoluído e aprendido as vogais, depois disso disparou no falatório e falava de tudo, mas com uma predileção pelos erres (R).

Aos três anos de idade ele me fez a pergunta fatal que lhe conferiu o título de pequeno herege.

__ Mãe, é veidade que o Deus fez o homem e a muLERR?

__ É verdade Rô.

__ Então é veidade que o Deus pegou terrinha, molhou, fez barro, CONSSTRUIU um bonequinho e depois soPRRROU e virou gente?

__ É verdade Rô.

__ Depois ele pegou um pedacinho do homem e fez a muLERR

__ De acordo com o que está escrito na bíblia sim Rô.

__ Puta menTIRRRA cabeluda!

Naquele momento senti uma imensa vontade de rir, porém me controlei, queria saber até onde isso tudo iria dar e assim perguntei:

Então como você acha que Deus fez o homem e a mulher?

__ Ah, é fácil, ele pegou terrinha mistuRRO água colocou papelão deRRENTRO pra fazeRR o osso e ficar duRRINHO, depois pegou garrafa pet pra fazer a unha e depois pegou a pele do porco e cobriu tudinho e ai viro gente.

Insisti e perguntei:

__ Mas por que Deus usaria a pele do porco e não de outro animal?

__ Ah, é fácil, ele pegou a pele do porco porque é branquinha e tinha que ser de bicho porque bicho é vivo, anda, come.

Como o diálogo estava produtivo e filosófico, tornei a soltar outra pergunta:

__ Se Deus usou a pele do porco porque é branquinha e ele é vivo, como foi que ele criou as pessoas negras?

__ Ai mãe, é fácil essa! Ele usou um porco preto!

Diante de tanta propriedade na resposta eu disse a ele:

__ Interessante sua resposta, faz mais sentido que a bíblia.

Soltei mais uma para ele, pois imaginava que se ele acreditasse esgotaria as respostas e justificativas:

__ Rô, por que é que Deus escolheu logo o porco e não outro animal, como o gatinho, ou o cachorro eles são tão bonitinhos?

__ Mãe, você já viu como o olho do porco quando ele chora é igualzinho o da gente, ele não muda igual o do gato e do cachorro!

Diante de tamanha observação partindo de uma criança de três anos de idade, quem ficou sem argumentos fui eu. Fui obrigada a dizer que sua resposta fazia mais sentido que a explicação bíblica. Para encerrar a conversa ele acrescenta.

__ ClaRRo a históRRRIA da bíblia até paRREce histoRRRINHA!

Decididamente fiquei calada e resolvi distraí-lo com um belo chocolate, percebi que se eu insistisse mais um pouco, não teria mais argumentos e seria péssimo para a mãe professora ficar sem respostas.

Depois desse episódio, chegando ao trabalho, na faculdade comentei com uma amiga professora doutora em semiótica e ela contou para todos os outros professores durante o nosso café. O fato acabou virando uma discussão acadêmica e interdisciplinar, pois professores de vários cursos aderiram à discussão.

Meu filho de nome Rômulo, passou a ser chamado de pequeno herege.

DIA 31 DE MARÇO

Trinta e um de maarçoo, que ninguém há de esqueceer, Brasil de hoje é trabaalhoo, Brasil de hoje é sabeer...

Esta frase ainda ecoa em meus ouvidos há mais de 38 anos, sua marca ficou gravada na memória como se fosse um daqueles jingles que ninguém esquece. Ela é o refrão de uma paródia que aprendi na quarta série do antigo Ensino Primário, ensinada pela professora Lilian na famosa escola municipal Dale Coutinho, localizada na Parada de Taipas, bairro da zona norte de São Paulo.

Você faz ideia do que essa data representa para a maioria dos amantes da história do Brasil? E se essa data for comemorada num período de Ditadura Militar? Vamos aquecer um pouco mais, pense nessa data sendo comemorada em meados

dos anos 70, em uma escola que recebeu o nome de um general.

É, parece brincadeira, porém é a pura verdade, agora pense nessa data na perspectiva de uma menina com 9 anos de idade, certamente já deve ter percebido que me meti em mais uma tremenda enrascada. Pois bem, vamos aos fatos.

Estávamos vivendo ainda sob a égide de um Regime Militar e eu não entendia bulhufas de política, economia brasileira e militarismo, ouvia apenas minha irmã mais velha falar sobre as aulas de um professor chamado Fidel. Acredito que o leitor já fez suas conjecturas a respeito do nome do professor e os assuntos discutidos em sala de aula. Se fez a relação, bingooo, acertou. Eles discutiam discretamente os assuntos políticos proibidos e eu os ouvia como ecos, só pegava o final das frases.

O que consegui filtrar é que o militarismo fazia muito mal aos brasileiros e dependendo do que a criança ouve, o assunto pode ser ou não potencializado. Foi justamente o que ocorreu, já estava cheia de ouvir coisas que não entendia e principalmente do tédio que era a rotina inicial da aula.

Todos os santos dias a professora ordenava que todos os alunos fizessem o cabeçalho, mas era aquele cabeçalho. Visualiza a paisagem, imagina seu caderno com uma página quase completa por um cabeçalho. Primeiro era escrito o nome do Presidente da República, que na época era o coronel Ernesto Geisel, por sinal militar e quando me lembro que usávamos o PH no lugar da letra "F" percebo que sou do século passado.

A página ficava assim, cada nome e cada cargo em linhas separadas exatamente obedecendo a esta ordem: nome da escola, data e cidade, nome completo do presidente, na sequência do governador, nome do inspetor de ensino, diretor de escola, vice diretor de escola, orientador educacional, nome completo do professor, do aluno, série e turno e para finalizar a meteorologia do dia, se meus cálculos estão corretos creio que já foi metade da página só com o cabeçalho.

A essas alturas do campeonato, todos estavam cansados e sem vontade de copiar lição da lousa. Para espantar o tédio resolvi usas meus dotes artísticos e enfeitar as letrinhas do cabeçalho; mas não foi uma simples letrinha, foram todas as vogais do nome do presidente e do governador. Os cargos a memória não me permite lembrar, mas os nomes eram os seguintes: Ernesto Geisel, e o nada polêmico Paulo Salim Maluf.

A arquitetura ficou perfeita, todas as vogais ganharam chifres, rabos e tridentes, para mim estava tudo na mais perfeita harmonia; porém a professora estava dando explicações sobre o

Golpe Militar e não gostou nem um pouco da minha obra de arte.

Ao olhar o meu caderno levei um belo catiripapo (peteleco na orelha) nos dias de hoje podemos chamar de Pedala Robinho, telefone ou tapa. Passei um bom tempo sem entender porque havia recebido o peteleco, entendi que a data era coisa séria e que não podia desenhar diabinhos nas vogais, caso contrário poderia ser presa. Foi o que disse a professora depois de me dar o safanão.

Passados alguns anos, acompanhei pela televisão o movimento da Assembleia Constituinte e compreendi afinal o significado da data e das proibições, inclusive depois disso odiei o elevado Costa Silva que dá acesso ao centro de São Paulo e gostei das histórias sobre o nome das avenidas 23 de maio e 9 de julho. No entanto, a lembrança mais marcante foi o tapa, o grito e a bendita data.

ENSAIO SOBRE A LATERALIDADE

Quem não ouviu falar sobre o livro Ensaio Sobre a Cegueira, Ensaio Sobre a Lucidez de José Saramago? Pois bem, sejamos justos, o Ensaio sobre a Lateralidade também merece uma pequena nota.

Há tempos tenho pensado sobre essa questão e a possibilidade em discutir um problema comum entre a geração do século passado e a geração digital. Hoje em dia temos muitas possibilidades de traçar as melhores rotas, os melhores atalhos, mesmo não conhecendo os lugares temos condições de chegar a qualquer que seja com o auxílio dos recursos que temos à nossa disposição. O grande invento GPS, não deixa ninguém na mão.

Sou da geração do século passado que carregava aquela imensa bíblia chamada "Guia" no porta - luvas do carro e até que não era difícil localizar ruas e lugares. Naquela época, quem não tinha o Guia parava e pedia informações.

É indiscutível o quanto os recursos tecnológicos nos têm favorecido, as tecnologias de informação e comunicação se multiplicaram a olhos vistos, tudo no mundo evoluiu, ou melhor, quase tudo.

Pensem em um problema que parece continuar o mesmo, pensou? Vamos colocá-lo em pauta: a lateralidade de uma grande parcela da população brasileira.

Vivenciei essa questão quando morava na capital paulista e recebi a notícia do falecimento de uma tia, informando o horário do sepultamento e o local. Nessa época ainda não tinham inventado o GPS, e assim que recebi a notícia peguei os filhos e me dirigi à cidade de Alambari.

Ao chegar à cidade perguntei a um senhor onde ficava o cemitério e ele respondeu da seguinte maneira:

__ A senhora sobe essa subida e segue reto toda vida, quando chegar na descida, a senhora desce reto toda vida, depois vira e segue reto toda vida e aí chegou.

Me senti como se estivesse em um gibi, onde aparece a pessoa com uma enorme interrogação na cabeça!

Numa outra ocasião fui de carro ao mercado com meu filho, e o leitor já deve imaginar que eu não estava ao volante. Como a maioria dos homens ama carro e depois mulheres, é óbvio que meu filho assumiu a direção. Estávamos em uma determinada rua e tínhamos que virar a esquina, então disse ao meu filho:

__Vire à direita.

Ele me perguntou:

__ Mas qual direita, a de lá ou a de cá?

Fiquei confusa, pois até então só conhecia um lado direito e um esquerdo, mas não dois direitos. Pode isso, minha gente?

O pior ainda estava por vir, precisava ir a Sorocaba para passar por perícia médica e não me recordava bem do local. Antes de ligar o carro, peguei o GPS coloquei no para - brisa do carro e em seguida liguei meu grande companheiro de estrada. Para minha surpresa o Sol estava tão forte que eu não enxergava as imagens.

Então é claro, recorri ao volume, mas sabem aqueles dias em que a lei de Murphy impera e tudo o que é improvável acontece? Pois bem, o som também não funcionou, esse era o meu dia; respirei fundo e tentei me recordar do caminho, porém restava uma vaga lembrança do local e decidi apelar para o meu senso de direção.

Ocorre que errei uma avenida e modifiquei o trajeto em aproximadamente um quilômetro. Decidi pedir informação. Encontrei duas senhoras com carrinho de feira e pensei: essas devem conhecer Sorocaba de ponta cabeça, me aventurei e perguntei:

__ Por favor, as senhoras podem me informar onde fica a Diretoria de Ensino?

__ Qual o nome da rua?

Fiquei animada, pois senti firmeza nas duas senhoras, respondi calmamente:

__Rua Manoel Gomes dos Santos Neto!

__ É melhor você perguntar na oficina mecânica que fica logo ali.

Fiquei preocupadíssima, pois tenho sérias restrições com a frase "logo ali"; pois bem, fui até o logo ali e não encontrei nenhuma oficina mecânica, sendo assim parei o carro e perguntei para um motorista e seu companheiro que estavam com o carro parado.

Os dois senhores disseram que não conheciam a cidade, isso porque a placa do carro era de Sorocaba, os senhores mal concluíram o "não sei" e uma mulher que havia surgido do nada, começou a gritar, pude reparar nitidamente seus olhos e boca. A mulher simplesmente não falava, ela vociferava assim:

__ VOCÊ ESTÁ PROCURANDO O ANTIGO CEFAMMMM?

__ Sim, a senhora sabe onde fica?

__ É AQUELEE PRÉEDIO MARROM ALIIIIIIII?

__ Ok.

__ OLHA VOCÊ VIRA À DIREITA E DEPOOISS VIRA À ESQUERDA E SEGUE RETOOOOOOOO E TOMA CUIDADOOO COM

AS CURVAS, VAI RETO MAS NÃO ESQUECE QUE TEM CURVA.

Fiquei hipnotizada com seus olhos arregalados e aquela boca berrando em câmera lenta. Diante dessa resposta só me restava rir, mas acontece que apesar das coordenadas com relação à sua fala, o mesmo não ocorria com a linguagem corporal, pois era completamente o inverso; quando ela disse direita, sua mão esquerda apontava para a esquerda e quando dizia esquerda sua mão direita apontava para a direita.

Decidi seguir as coordenadas da fala e acabei por sair em lugar errado. Ao perceber a incompatibilidade das informações, parei o carro, reorganizei o pensamento e recuperei as informações da linguagem corporal, pois a falada não deu certo.

Memorizei a imagem das mãos descompassadas da informante e resolvi segui-las, e não é que deu certo!

Cheguei a tempo e certamente não errarei mais o caminho, caso necessite ir para lá novamente.

Com relação às restrições ao termo logo ali, vocês me darão razão, imaginem só a experiência que tive certa ocasião em uma viagem para Santa Bárbara, norte de Minas. Foi exatamente assim:

Saí de Sarapuí, interior paulista e me aventurei a viajar e com um detalhe, ainda não tinha GPS, mas sabia que era só entrar na Fernão Dias que chegaria a Minas. Estávamos a um bom tempo na estrada, então parei o carro no acostamento e enviei um torpedo ao filho que me aguardava na cidade mineira de Santa Bárbara, indiquei a altura da Fernão Dias e solicitei novas coordenadas.

Voltei para a rodovia e quando a resposta chegou, solicitei que o filho caçula fizesse a leitura enquanto eu dirigia. Meu filho que nem é louro disse:

__ Mãe, o Isaque disse que você tem que entrar em Betim, depois Contagem.

__ Ok, vamos lá.

Entrei em Betim e o caminho começou a ficar esquisito, decidi parar o carro e ler o torpedo, lá estava a explicação para o trajeto estranho, o torpedo dizia passa Betim, Contagem e segue sentido Vitória. Não tinha nada afirmando para entrar em Betim e Contagem.

Resolvi pedir informação em uma farmácia:

__ O Sr. pode me explicar como faço para ir a Santa Bárbara ?

__ A senhora entra nessa rua que é logo ali.

Só sei que andei uns 100 quilômetros e nada desse logo ali aparecer, então parei em um posto de gasolina para abastecer e aproveitando o ensejo perguntei ao frentista:

__ O Sr. pode me informar onde fica Santa Bárbara? Mas por favor, se puder evitar o termo logo ali eu agradeço, estou com trauma do logo ali.

Ele sorriu e calmamente disse:

__ Meu logo ali não é logo ali de mineiro, meu logo ali é ali mesm...

__ Sim, mas se puder desenhar, fazer um mapa, eu agradeço.

Vocês nem imaginam o quanto me arrependi de pedir um mapa; o educado cidadão começou o desenho e ao mesmo tempo em que desenhava ele explicava assim:

__ A senhora está vendo esta avenida?

__ Sim, estou.

__ Então a senhora pega ela e vai seguindo reto.

Até aí tudo bem, e prosseguiu:

__ Está vendo esta alça de acesso?

__ Sim, estou.

__ Olha, presta atenção na alça deste lado aqui.

Depois que desenhou toda a alça ele diz:

__ Está vendo, né?

Assim que meu cérebro computou a direção da alça ele disse:

__ A senhora não pega ela não, vai para o outro lado.

Confesso, não deu para segurar o riso, olhei para a minha direita e o meu filho se matava de rir; então, é lógico, fui solidária a ele e me desmanchei de tanto rir. Depois aos risos agradeci, peguei o mapa e voltei para a rodovia Fernão Dias.

Foi uma longa viagem, saí de Sarapuí às 03:30 da manhã e cheguei em Santa Bárbara às 20:30. A partir de então, resolvi que escreveria um ensaio sobre lateralidade, e, agora chegando ao fim deste ensaio, pensei na lateralidade e tentei decifrá-la.

Se lateralidade fosse uma doença, eu a chamaria de laterologite, se fosse uma ciência seria laterologia, se fosse uma síndrome, chamaria de lateraletóidite, se fosse um elemento químico seria lateraletóidus, se fosse uma disciplina escolar eu chamaria de lateralidade Aplicada.

Porém como ela é simplesmente uma palavra do dicionário da Língua Portuguesa e não posso bani-la, sou obrigada a conviver com os dilemas causados por ela e, quem sabe, escrever Ensaio Sobre a Lateralidade parte 2.

FALHA NA COMUNICAÇÃO

A Língua Portuguesa é muito interessante mesmo, podemos até compará-la com a matemática no quesito propósito. Se a matemática tem a finalidade de nos levar a encontrar o resultado exato de uma operação, a Língua Portuguesa tem por finalidade transmitir uma informação de forma fidedigna.

Se na matemática você errar um número, uma vírgula a sua operação estará errada, ou seja, um simples número que você anota errado, o resultado final também estará comprometido. No português errar uma vírgula, uma pontuação ou uma palavra você compromete todo o sentido do texto, alterando a mensagem que se quis passar.

Numa ocasião um professor de português usou como exemplo o seguinte fato: Um certo general foi para guerra e antes da batalha consultou uma pitonisa para saber se venceria a batalha. Sendo assim ele perguntou:

__Eu vou vencer ou perder a batalha?

A pitonisa prontamente respondeu-lhe:

__ "Vencerás não morrerás."

O general foi todo confiante para a batalha, porém a cada ataque e contra - ataque ele só perdia seus bravos soldados. No final da batalha ele retorna sozinho, pois perdera todos os seus soldados.

Indignado com o resultado ele voltou à pitonisa para reclamar sobre a suposta propaganda enganosa. Chegando ao oráculo ele perguntou:

__ Você disse que eu ganharia a batalha, como pode se enganar tanto assim? Eu perdi a batalha!

Ela prontamente respondeu:

__ Eu não disse que você ganharia a batalha!

__ Disse sim, não estou ficando louco.

A pitonisa fitou-o e respondeu:

__ Eu não disse não! Você é que colocou a vírgula no lugar errado e usou um sinal equivocado.

__ Como assim, exclamou o pobre general.

__ Eu disse: "Vencerás não. Morrerás! E não Vencerás! não morrerás."

E assim o general além de perder a batalha no passado e ficar desmoralizado, hoje seu espírito deve remover-se nas catacumbas, pois seu apelido de lambão passou para semianalfabeto aos olhos de muitos.

Tive uma experiência similar com relação à falha de comunicação e pior é que essa quase causou morte, espia só o causo.

Estava em casa quando um garoto apareceu segurando um dos meus filhos que chorava de dor; olhei para ambos e percebi que meu filho havia quebrado o punho, então perguntei:

__ O que aconteceu?

O garoto respondeu-me:

__ A gente estava brincando de polícia e ladrão com a xipoca (arma de brinquedo feita com pedaço de cano de PVC e bexiga) e eu fui atirar no Arthur e ele tropeçou na laje e caiu.

Como o braço já estava com uma tala improvisada, chamei o caçula de 5 anos e disse:

__ A mãe vai levar o Arthur ao médico, quando os seus irmãos chegarem da escola avisa que o Maguila estava brincando com o Arthur e seu irmão acabou se machucando.

O problema da questão foi exclusivamente de ordem interpretativa, por duas razões, primeira: o caçula tinha 5 anos; segundo, ele estava presente no local do crime e isso faz dele uma testemunha ocular e auditiva. Além de estar presente na cena, ouviu toda a explicação do garoto que acompanhava meu filho.

Quando os irmãos chegaram e perguntaram por mim, o caçula contou essa história:

__ A mãe foi levou o Arthur no hospital porque o Maguila deu um tiro na cabeça dele quando eles estavam brincando.

__ Como isso aconteceu?

__ Eles estavam brincando de polícia e ladrão e o Maguila acertou ele na cabeça.

Rapidamente os filhos chamaram outros amigos, se dirigiram ao Pronto Socorro com a intenção de linchar o pobre garoto.

Vocês vão perguntar o porquê do caçula ter dado essa informação aparentemente equivocada, mas eu explico: o menino não mentiu, ele só não disse que a arma usada era de brinquedo, a bala era de feijão e que o irmão só havia quebrado o punho.

Vamos recuperar a informação acima. "Eles brincavam de polícia e ladrão e o Maguila atirou na testa do Arthur." Como um bom repórter sensacionalista, o caçula relatou sua versão dos fatos causando suspense e comoção entre os amigos.

O desfecho do ocorrido foi assim: Os meninos invadiram o hospital, pegaram o Maguila pelo colarinho, e disseram:

— Como você teve coragem de atirar na cabeça do seu amigo? Você vai morrer seu...!

Mais que depressa eu disse:

— Calma, a arma era uma xipoca e a bala de feijão!

A tragédia anunciada virou piada a acabou em pizzas e o Maguila foi convidado, é claro. Hoje o quase repórter é quase estudante de engenharia, o quase policial morto é quase estudante de psicologia, o quase ladrão linchado virou profissional da área, a quase maluca mãe não endoidou de vez, mas está quase chegando lá.

FORÇA E INTELIGÊNCIA

Força e inteligência são duas palavras distintas e altivas. Recordo-me de ter lido algo sobre a ciência e a filosofia onde o autor discorre sobre as palavras afirmando que a filosofia sem a ciência é cega ou vice-versa. Pensando nessa afirmação resolvi parafrasear o autor, porém discorrendo sobre a força e a inteligência; dessa forma estando convicta e certa afirmo que a força desprovida de inteligência é cega e a inteligência desprovida de força é simplesmente morta.

Há tempos tenho observado o comportamento dos animais racionais, irracionais e dos insetos e algo em comum entre eles me chamou a atenção; pois bem, justamente a questão da força e da inteligência que permeiam as relações e interações sociais entre essas categorias.

Tomemos como exemplo o homem, o leão, a formiga, a abelha e o cupim; provavelmente o leitor deve estar se perguntando, afinal o que eles têm em comum? Embora possa transparecer que não tenham nada, eles têm exatamente as duas palavrinhas mágicas: força e inteligência.

Na comunidade dos felinos, a fêmea toma a frente das decisões e sai em busca de uma presa que possa alimentar seu grupo. O mais interessante é que as leoas são verdadeiras estrategistas, elas analisam o terreno, a vegetação, a direção do vento e de forma extremamente inteligente deixam uma leoa em direção oposta ao vento e encurralam sua presa. Assim que pegam sua caça, levam para o macho se alimentar, depois as leoas mais fortes comem, na sequência as leoas mais fracas e por fim os filhotes.

Os leões por sua vez, embora fortes, são caçadores oportunistas e só conseguem ser bons estrategistas em matanças em grupo, e pela sua força têm uma função específica no bando, que é justamente proteger o grupo.

Nesse caso, podemos afirmar que as fêmeas possuem força e inteligência e os machos a força. E isso é passado de geração em geração, eles não precisam de documentos escritos firmados em cartório para conseguirem sobreviver e conviver na sociedade animal.

Vejamos o caso das abelhas, elas estão divididas em castas e as fêmeas dominam. A rainha é o inseto de maior porte entre as abelhas, está sempre acompanhada de suas operárias que são bem menores que a rainha; elas têm a função de alimentar a rainha e os zangões. O zangão por sua vez faz parte do último escalão nas colmeias tendo a função de copularem com a rainha. O mais interessante é a força e a inteligência da rainha, pois copula em média com 10 a 20 zangões durante o voo de núpcias e quando a colmeia está em período de escassez de alimento, os zangões são expulsos das colmeias pelas fêmeas.

Podemos afirmar que as abelhas também formam uma sociedade de fêmeas fortes e inteligentes, pois tratam logo de expulsar os machos para não caírem em desgraça por falta de comida.

As formigas por sua vez formam uma sociedade extremamente organizada em hierarquias; a rainha tem a função de reprodução, tendo abaixo dela as formigas sentinelas que cuidam da segurança do formigueiro. As operárias cavam túneis, buscam comidas para toda a colônia, as formigas enfermeiras cuidam das larvas.

Vejam só a inteligência desses pequenos insetos e a força descomunal que possuem, pois geralmente carregam peso muito superior ao seu peso e tamanho, e tudo corre na mais perfeita harmonia, cada um sabe qual a sua função e nunca desobedecem às regras.

Outra comunidade forte e inteligente é a dos cupins, que estão divididos entre operários, soldados e reprodutores alados. Os operários são responsáveis por todas as atividades rotineiras da colônia, como buscar alimentos para todos, construção e conservação do ninho, eliminação dos cupins doentes e dos mortos, nocivos à colônia, bem como cuidar dos ovos. Os soldados guardam os ninhos, as operárias, e ainda expulsam intrusos; os reprodutores alados por sua vez imprimem em seus nomes as suas funções.

Não é preciso dizer o quanto são inteligentes e fortes, pois conseguem em tão pouco tempo destruir madeira, concreto, dentre outros, bem como construir seus cupinzeiros em tempo recorde, são indubitavelmente fortes e inteligentes para construírem tão perfeita moradia e eliminarem tudo que representa perigo ao grupo.

Por fim, vejamos o animal dito racional, o tão famoso ser humano; enquanto os irracionais e insetos possuem força e inteligência, cada qual em sua espécie e geralmente comandados pelas fêmeas, acrescento ainda o fato de serem extremamente organizados sem necessitarem de leis, escolas, hospitais, prisões, força policial; vivem em perfeita harmonia e equilíbrio com os de suas espécies e com a própria natureza.

O bicho homem dito forte ou inteligente, não consegue reunir essas duas qualidades ao mesmo tempo; com sua força de dominação construiu prédios, monumentos, arquiteturas, dentre outros; e outros, com sua inteligência criaram leis, inúmeros códigos e incisos, criaram projetos, teorias, plantas de construções magníficas, regras para a escolha de quem as irá governar.

Criaram escolas, hospitais, prisões, estádios, fizeram descobertas milenares, como o fogo e a roda, inventaram a imprensa, e hoje encontram-se no auge da tecnologia da informação e comunicação.

Entretanto, como já disse, não conseguiram aliar força e inteligência para conseguirem viver, conviver e sobreviver em sociedade. Com tantas leis, regras e normas não conseguem obedecer a um milésimo delas. Com tantos cargos e profissões criados ainda conseguem manter muitos aquém da sociedade.

Com tantas construções, muitos não têm moradia; com terra e água em abundância, pessoas morrem de sede e fome. Com tantas mulheres existentes no planeta, poucas assumem cargos de grande prestígio. Com tantos seres ditos pensantes no Globo terrestre e que, aliás, datam sua existência há milhões de anos, nossa força e inteligência ainda são tão primitivas que não dominamos a capacidade de escolher quem nos governa.

HISTÓRIAS DE HOSPITAL

Quem pensa que em hospitais só se ouve notícias tristes e trágicas, me alegro em informar: você está enganado. Já ouvi e presenciei coisas que até Deus duvida!

Certa ocasião não estava me sentindo muito bem então fui pela primeira vez ao hospital do Servidor Público Estadual. Como não tinha marcado consulta fui informada que deveria passar por uma triagem no Pronto Socorro. A fila era simplesmente quilométrica, acreditei eu que havia pegado a fila errada; dessa forma, fui pedir informação para a última pessoa da fila:

__ Bom dia, esta fila é para atendimento no Pronto Socorro?

Que dia péssimo foi aquele, ou melhor, que fila estranha era aquela, pois a mulher virava o pescoço em 45 graus à esquerda lentamente com trancos e quando parou, reforcei a pergunta e não obtive resposta.

Dizem que errar uma vez é humano, mas duas vezes é burrice. Nem precisa adivinhar, pois bem, perguntei para outra mulher:

__ Por favor, a Sra. pode me informar se esta é a fila do P.S?

Adivinhem só a resposta! Nenhuma! Ela simplesmente fitou-me nos olhos e com um tique nervoso, arregalava os olhos e fazia caretas mexendo os lábios sem emitir qualquer som.

Fiquei tão assustada e simplesmente voltei para casa. Imaginem, eu professora novata, no meio de tantas mulheres, numa fila gigantesca e basicamente cada uma dessas pessoas com tiques nervosos variados.

Naquele momento, acreditei que todos os professores aposentados eram malucos. Ao retornar para a escola, comentei com as colegas e elas me disseram que eu deveria ter entrado na fila da psiquiatria, inclusive a secretária acrescentou que eu estava na fila dos professores que mandam os alunos pingar a letra t e cortar a letra i. Fiquei com medo do hospital e dos professores.

Numa outra ocasião, estava aguardando o médico no corredor da ortopedia, havia fraturado o rádio e estava em uma consulta de retorno. O mais engraçado é que pacientes da ortopedia parecem gostar de desgraças, pois eles querem provar cientificamente que o seu acidente foi o pior do mundo. Ouvi cada absurdo que dá gosto de prestar atenção.

Pensem num caso em que o paciente quer discutir temperatura do membro fraturado e ainda afirmar categoricamente que depois que fraturou a perna, essa passou a ter 4 graus negativos. Fala sério, isso é demais de ruim, isso eu classifico como "pérola" da ortopedia.

Nesse mesmo dia e mesmo corredor, outro paciente que ouviu a história dos 4 graus negativos não queria ficar por baixo e acrescentou:

__ Xé, se é loco até doido! E o meu acidente foi pior até, bati a moto, quebrei o pescoço, mais to bão agora!

Até hoje não consegui visualizar essa cena: uma pessoa de pescoço quebrado que anda, fala, escreve, e aparentemente tem internalizadas as capacidades de leitura, análise e síntese.

Na sequência, os dois concidadãos olharam para mim e perguntaram:

__ E a senhora, como foi o acidente?

Diante de tantas desgraças, me senti humilhada e respondi:

__ Só fraturei o rádio, depois de cair no banheiro.

Percebi que não fazia parte do time e que a minha fratura era irrelevante para os mestres dos acidentes.

Para finalizar, o clássico dos hospitais aconteceu recentemente. Meu pai ficou hospitalizado e em um dos dias da visita, deixei-o com um acompanhante.

Meu pai precisava ir ao banheiro, porém não podia andar; sendo assim, solicitou o seguinte a esse amigo que estava como acompanhante:

___ Pega o papagaio, fazendo o favor?

O acompanhante olhou assustado e respondeu:

___ Cadê o papagaio? Meu pai respondeu:

___ Está embaixo da cama!

O sujeito foi tão simples e acrescentou:

___ Óia Sr Sebastião, se tinha argum papagaio dibaxo da cama, ele avuô!

Diante de tal resposta, meu pai caiu nos risos. O riso parecia não acabar mais e até hoje quando ele conta o ocorrido, não aguentamos de tanto rir, parece até piada caipira, mas não é não. Isso é a mais genuína verdade.

O PARTO DE UMA ÉGUA

Nunca pensei que aquela manhã fria de inverno marcaria por um bom tempo nossa imagem perante muitas colegas de classe, mas foi assim que tudo começou.

Certa manhã fria de inverno, em meados de 1975 eu e minha irmã acordamos como todos os outros dias, sem pensar que aquele dia seria especial. Arrumamo-nos, tomamos o café e fomos para a aula. O trajeto era sempre o mesmo, começávamos a caminhada pela rua dois, subíamos a rua um, passávamos pela trilha ao lado do bar da Dona Dedé, descíamos a interminável rua de terra até chegarmos à avenida asfaltada que nos levaria até o Dale Coutinho onde estudávamos.

A essa altura você deve estar se perguntando, onde é que entra a égua nessa história, não é mesmo? Não se aflija, vou dizer como ela se encaixa, mas primeiro quero contar sobre o trajeto para que os leitores se situem na paisagem.

Morávamos no Jardim Taipas, bairro da zona norte de São Paulo numa época em que poucos bairros possuíam recursos básicos como asfalto, água encanada e rede de esgotos. A antiga rua Dois, hoje é a Dirce Gomes de Souza, a rua Um é a João Gomes de Mendonça. A trilha era um caminhozinho estreito de terra coberto de mato alto nas laterais e que se localizava ao lado do bar de uma senhora que muitos tinham medo por ser ela carrancuda, de pouca conversa e nunca distribuía as ameixas amarelinhas que forravam o chão do seu quintal.

Aquelas ameixas eram as mais lindas que já vi, e sempre que passava por ali, morria de vontade de pular a cerca e roubar ameixas, porém faltou-me coragem para tal façanha. Bom, acho que deu para visualizar a paisagem, então voltemos ao caminho da escola.

Fazia um baita frio e naquela manhã me agasalhei, calcei um par de chinelos havaianas azuis e junto com minha irmã fomos à escola. Não me perguntem por que fui de chinelos naquele dia, tinha apenas oito ou nove anos e talvez o chinelo fosse mais prático, então só sei que os calcei.

Assim que saímos de casa, passamos pela rua Dois, subimos pela rua Um e ao iniciarmos a trilha nos deparamos com uma cena inusitada que para a nossa época, década de 70, a cena assistida era incompatível com a nossa idade e isso nos custou a perda temporária de algumas colegas de escola.

Quando já estávamos na metade do caminho da trilha, ao lado direito na direção do bar vimos uma égua deitada no mato, eu e minha irmã ficamos paradas sem compreender a cena. A princípio não entendi o que levava uma égua a ficar deitada num mato alto recoberto de espessa camada de geada com uma expressão clara de dor.

A cena chamou a atenção, fiquei perplexa olhando tudo aquilo, mas de repente alguma coisa começou a sair de dentro da égua, cheguei a pensar que estava frente a um filme de terror, porém olhando com mais atenção percebi que um filhote envolto em algo semelhante a um saco transparente estava saindo de dentro da égua.

Aquilo acabou sendo a cena mais incrível que eu já havia visto em minha infância, imaginava que os animais iam para um hospital e o médico cortava a barriga para tirar o filhote sem pensar ao menos como eles entravam na barriga das fêmeas, outro fato que me encabulava, achava tudo isso injusto.

Imaginem só, sempre ouvia dos adultos que carregar peso era coisa para homens, ou então, o homem é bem mais forte do que a mulher, carga pesada é coisa para homens. Vocês conseguem imaginar o que isso significa para uma criança dos anos 70? Pois bem, para mim, carregar e ter filhotes era coisa para cavalo e não para égua.

Os minutos se passaram enquanto assistíamos àquele parto; num dado momento as crianças que também iam para a escola passavam pelo mesmo caminho, tanto as que iam sozinhas como aquelas que a mãe levava e foi esse o grande nó da questão.

As desacompanhadas, como era o nosso caso, paravam para assistir ao parto e as acompanhadas pelas mães nem ousavam olhar, pois tinham os olhos vendados por suas manzorras, com aqueles olhares de reprovação em nossa direção elas deixaram bem claro, naquele momento, que não éramos boas companhias aos olhos de muitos adultos em virtude de termos assistido ao parto de um animal.

Por algum tempo, as meninas da escola não conversaram conosco por imposição de suas mães, mas depois a curiosidade imperou e acabamos por virar o centro das atenções, pois éramos as crianças que sabiam como filhotes e, consequentemente os bebês, nasciam. Eu me sentia uma adulta contando várias vezes aos colegas como era um parto e dessa forma as curiosidades foram aumentando e muitos colegas passaram a questionar a idoneidade das cegonhas, as histórias contadas pelos nossos pais e professores que evitavam veementemente falar sobre reprodução humana e animal.

O PUM BASTARDO

Certa tarde de inverno, após um primeiro turno cansativo de trabalho assinei o livro ponto, fui para casa com aquela saudade dos filhos, da cama, e da geladeira cheia de guloseimas. Ao chegar em casa fui recebida por Cérbero e Morgana, um casal lindo de pitbuls que eram parte da nossa pequena família composta por mãe, quatro filhos homens e o casal de cães.

Recordo-me desse dia como se fosse hoje. Ao entrar na sala beijei meus filhos e conversamos sobre a rotina daquele dia. Perguntei sobre a escola, as brincadeiras e travessuras do dia e ouvi atentamente as histórias de cada um deles. Em seguida, nos reunimos na cozinha para um lanche em família.

Após o lanche fomos assistir à TV; nesse dia, acabei até cochilando no sofá da sala e quase me esqueci que ainda deveria retornar ao trabalho. Nessa época era diretora de uma escola da rede Pública Estadual de Ensino e sempre cumpria rigorosamente o meu horário de trabalho.

Levantei-me do sofá e fui tomar um bom banho para revigorar o corpo e concluir o turno da noite na escola em que trabalhava. Nesse dia pedi ao meu filho mais velho que fosse comigo ao trabalho, pois além da companhia tínhamos bastante coisas para conversar e, é claro, ter o filho do lado no retorno do trabalho para casa é muito bom.

Meu filho aceitou o convite, pegou alguns CDs de rock para ouvir durante o trajeto. Entramos no carro rumo à escola. Estávamos rindo nem me lembro do que, mas soltávamos gargalhadas e de tanto rir, acabei soltando um pum silencioso, porém devastador em função do lanchinho da tarde. O cheiro estava simplesmente horrível então parei o carro em frente a um ponto de ônibus para poder abrir os vidros do carro. Aquela foi uma das minhas péssimas ideias.

No momento em que fui abrir o vidro, um jovem professor de português, que justamente lecionava na escola em que eu era a diretora, surge do nada com um enorme sorriso e me pede carona.

Entrei em pânico fiquei sem saber o que dizer, não tinha como negar a carona, pois estávamos indo para o mesmo lugar. A primeira coisa que passou em fração de segundos pela minha cabeça foi, "o cheiro está horrível, vou manchar minha imagem de durona", não me restava opções, minha reação foi a de falar para o meu filho que assumisse aquele B.O.(Boletim de Ocorrencia)

Meu filho não parava de rir da minha "cara" e quando o professor entrou no carro sua reação foi de desespero. Ao fechar a porta do carro ele bradou em bom tom de voz: _Credo Filipe, seu porcão, que fedô. Eu nem conseguia olhar direito para o professor, pois se o fizesse corria o risco de me denunciar e ficar conhecida como a diretora peidorreira.

Foi um pesadelo, o cheiro custou a passar e o pior foi o olhar sacana do filho. Seus olhos brilhavam à chantagem, tanto que eu evitei o seu olhar durante os trinta minutos de casa à escola.

Quando chegamos ao destino o professor ainda fez gozação com o meu filho, reafirmando o "porcão"; esperei o professor descer do carro e após uma distância dele de uns cinquenta metros do carro, pedi ao meu filho que sustentasse a mentira, assumindo a filiação daquela criatura mal cheirosa que eu havia liberado dentro do carro.

Aquele incidente me custou uma bela chantagem emocional e quase monetária. Quando o professor se afastou, nós dois começamos a gargalhar. Meu filho com aquele olhar acusador e debochado me dizia: _Coloca dez reais aqui na minha mão, caso contrário eu falo quem foi o verdadeiro dono daquele pum.

Os dias e meses foram passando e todas as vezes que ele precisava de dinheiro, sempre vinha com aquela conversa: "olha que eu vou contar pra todo mundo." É claro que nunca essa chantagem rendeu ao meu filho qualquer centavo, mas a boa piada e o fato de relembrar aquela tarde era sempre motivo de riso.

Passaram-se anos e aquele pum ainda me assombra. Meu filho ainda relembra o incidente, mas prometeu segredo e hoje somente meus filhos, eu, e agora você leitor, é que sabemos da verdadeira história; e, se alguém me perguntar sobre o fato, eu nego a maternidade daquele pum, até mesmo sob tortura.

OPS, QUIQUEI UM ALUNO!

Vou relatar um fato no mínimo curioso; geralmente professores não têm por hábito bater em aluno, muito menos chutar a ponto da criatura quicar. Pois bem, isso já aconteceu comigo.

Vocês podem achar muito cruel, mas garanto que não foi não. Quem nunca errou nessa vida bendita fale agora ou se cale para sempre. Amém.

Formei-me professora muito jovem, aos 18 anos lecionava e tinha um enorme orgulho de andar toda aparatada, com um avental rosa todo bordado, um estojo de madeira e ainda fazia questão de sair de casa paramentada de professora.

Num determinado ano, logo no início da minha carreira, me foi atribuída uma sala da antiga primeira série, em 1987. Os alunos eram pequeninos e não haviam frequentado a pré-escola. A classe era uma verdadeira graça, porém com uma exceção.

Tinha um garoto, verdadeiro espírito de porco que mal entrava na sala e começava a gritar pela mãe. O pior de tudo é que ela ficava do lado de fora da classe, bem na janela contemplando docemente os berros do filho.

Britanicamente, o garoto entrava na sala e após fechar a porta ele começava a odisseia dos berros. Todo santo dia era sempre igual, ele berrava, a mãe observava e eu aconselhava.

O caso começou a evoluir, o menino resolveu aventurar-se a fugir, eu saía correndo atrás dele, a mãe tudo olhava e nada dizia e isso já estava me dando nos nervos, até que um belo dia as coisas começaram a mudar.

Numa manhã cheguei à escola, me posicionei frente à fila, cantamos a música da entrada. Após a música segurei na mão de um aluno e uma aluna e fomos para a sala e, para variar, a mãe do berrador acompanhava tudo. O pequeno espírito de porco descia as escadas acompanhando a fila e ao entrar para a sala nem preciso dizer o "não vale a pena ver de novo começava".

Nesse exato dia eu já nem queria saber se existia uma palavra chamada paciência, já estava esgotada com toda aquela epopeia diária e foi só entrarmos na sala e a ladainha começou.

Decidi que aquele seria o último dia da choradeira. Dirigi-me até a porta e segurei a fechadura para impedir a fuga da pequenez criatura. Quando ele se aproximou eu disse que já deveria ter se adaptado à escola e que todo o dia a sua mãe o buscaria. Acrescentei que as horas passariam tão rápido que ele nem iria perceber.

Vocês não fazem ideia do que aconteceu, o pequeno rebento chutou-me a canela e naquela época nem chamávamos aquilo de chute e sim de uma tremenda bicuda no meio da canela. Foi simplesmente dolorido!

Já ouviram falar em ato reflexo?

Então já deve imaginar o que aconteceu, não é mesmo? Foi exatamente isso, assim que recebi aquele carinho na canela, devolvi potencializado ao aluno, porém não na canela, mas sim nas nádegas, ou se o leitor preferir um tremendo pontapé no traseiro.

Foi instintivo o bateu levou, e o problema não foi a força do pontapé e sim o tamanho e idade da criaturinha que recebeu o "mimo" e pra ajudar, quem é que estava na janela observando tudo? Exato, a progenitora da belezinha.

A mãe do garoto ficou sem reação e eu pior ainda, depois do golpe de MMA, peguei o aluno pela mão, abri a porta da sala e entreguei o filho rebelde sem causa para a sua mãe, acrescentando a minha indignação:

__ A senhora me desculpe, mas foi instintivo. Chute na canela dói demais! E se quiser que seu filho assista às minhas aulas, faça o favor de domesticá-lo antes de trazer para a escola!

E assim entreguei o aluno à sua mãe, aguardando o revide que acreditei piamente que ocorreria, tanto por parte da direção como por parte da mãe. Tive a nítida consciência do meu ato e sabia que embora as mães aceitassem esse tipo de comportamento de professor, sabia que meu ato era inaceitável. É claro que a crise de consciência só bateu depois que a dor na canela havia passado.

E o desfecho foi o seguinte: o aluno não mais voltou e hoje deve estar com aproximadamente seus trinta e cinco anos. Sua mãe provavelmente sempre se lembrará de mim e eu fiquei conhecida como a professora que quicou um aluno.

AVENTURAS DE PROFESSOR EM DIA DE PROVA

Morava eu na capital paulista, na divisa entre a zona norte e oeste e aquela sexta-feira estava caótica. O trânsito em São Paulo nos horários de pico é de deixar quem tem síndrome do pânico completamente desvairado e os que não possuem certamente o adquirem. O trânsito simplesmente para e não existe a menor possibilidade de você se locomover. Ops, um engano!

Existe sim uma possibilidade de você sair do lugar sem movimentar seu carro, pensei eu, mas seria uma verdadeira loucura que poria minha fama de mãe louca no topo da pirâmide dos loucos.

Imaginem vocês, numa sexta-feira refrescante, ter que se deslocar da divisa entre norte e oeste e rumar para o extremo da zona Sul, caminho de acesso ao litoral paulista e não poder se atrasar para o trabalho, pois era dia de prova.

Aquilo foi insanidade pura, mas fiz! Tinha programado com os 4 filhos que íamos jantar fora depois da prova e sendo assim todos eles estavam no carro. Mas como não me atrasar para aplicar a prova com a Marginal Pinheiros completamente parada?

Foi então que minha mente insana pôs se a trabalhar. Pensei então: E se pedisse carona a um motoqueiro? Isso seria loucura, mas daria certo. Mas quem levaria o carro até a faculdade? Bingo! O filho mais velho de 15 anos, por que não?

Pensei, repensei e cometi a loucura, mas antes perguntei aos filhos:

__ Se eu fizer algo diferente vocês não vão ficar assustados e com medo ou vergonha de mim?

Responderam em coro:

__ Não!

Não me restou dúvida! Expliquei que se me atrasasse em dia de prova correria o sério risco de ser demitida da faculdade e pedi gentilmente ao filho mais velho que levasse o carro até lá porque eu iria parar o primeiro motoqueiro e pedir carona.

É claro que o adolescente aceitou na hora, imaginem a emoção de dirigir um carro na capital paulista, passar pelo autódromo de Interlagos e depois se exibir para os amigos do colégiopor tal façanha!

Estava eu bela e formosa, utilizando um terno preto básico, uma camisa vermelha e para combinar um lindo salto vermelho no mesmo tom da camisa. Elegantemente abri a porta do carro e desci em meio à marginal completamente parada. Delicadamente e com toda classe, fiz sinal para o motoqueiro parar. Assim que parou perguntei:

— Você conhece a faculdade Albert Einstein de Interlagos, na rua Cancioneiro?

— Sim!

Respondeu-me o bom rapaz e, sendo assim, solicitei:

— Você pode me dar uma carona até lá?

O bom menino disse que sim, só não disse a ele que seria a primeira vez que eu andaria de moto. Não sabia nem onde apoiar meus pés. Montei na garupa, segurei nas costas do motoqueiro, fechei os olhos e não tive coragem de olhar para o chão.

O piloto passava entre os carros como um caça a rasgar as nuvens do céu. Apoiei meus pés em algo que pensei ser o apoio. Acontece que o pé direito estava ficando quente e o esquerdo normal. Dava uma pequena levantada de perna e colocava novamente no suporte com defeito que só esquentava.

Comecei a gostar daquela façanha, o vento batendo no corpo, os carros nas faixas laterais parecendo imagens borradas em função da velocidade da moto, o corpo leve feito pluma e o pé direito esquentando cada vez mais.

Assim que chegamos à entrada principal, o motoqueiro parou e disse:

__ Pronto, a senhora chegou sã e salva!

Agradeci ao nobre cavalheiro a gentileza dispensada e quando fui descer da moto, percebi que o suporte não estava com defeito, pois não se tratava de suporte para o pé direito.

Céus, aquilo era o escapamento da moto!

Quando desci, os passos estavam completamente descompassados e eu evidentemente sem equilíbrio. Foi então que percebi: meus lindos sapatos vermelhos condenados por toda a eternidade!

Exatamente bem no meio do sapato direito desde os dedos ao salto do calcanhar havia sido aberta uma imensa valeta! Tudo por culpa do suporte para o pé, que não era suporte e sim o malfadado escapamento. Foi então que compreendi o porquê do fato de somente o pé direito esquentar.

O sapato era tão lindo, ai que tristeza sem fim, onde eu iria conseguir um vermelho como aquele!

Mas a epopeia não parou por aí, eu ainda precisava caminhar e entrar na faculdade para aplicar a prova. A parte boa disso tudo é que ainda cheguei com 30 minutos de antecedência. Porém existiam alguns pequeninos problemas a serem pensados: primeiro, em que altura da Marginal Pinheiros estariam os 4 filhos; segundo, eles são menores, meu Deus como sou louca; terceiro, como ir para a sala dos professores com aquele sapato lindo com uma valeta no meio do coitado, andar sem me desequilibrar, sem que ninguém perceba?

Que situação! Mas enfim cheguei à sala dos professores. Mal entrei os curiosos de plantão já foram logo me perguntando:

__ O que aconteceu com você? Por que está mancando?

Foi constrangedor, engraçado e complicado ao mesmo tempo, imaginem ter que explicar que para não chegar atrasada em dia de prova, uma professora que, leciona e forma futuros professores iria explicar que deixou quatro filhos menores em um carro em pleno trânsito da Marginal Pinheiros e pegou carona com um motoqueiro para não perder de aplicar prova. Me senti a pior mãe e professora do Planeta Terra, mas enfim respondi:

___ Para não chegar atrasada para a prova, eu deixei meus filhos no carro em plena Marginal e peguei carona com um motoqueiro. Como foi a primeira vez que andei de moto, coloquei meus pés no escapamento pensando ser suporte! Olha só o que aconteceu.

Ao olharem a situação irreversível do meu lindo salto vermelho, todos os professores sem exceção riram muito e só depois pensaram: mas e os filhos?

Respondi envergonhada que eles conheciam o trajeto e chegariam seguros à faculdade. Para minha sorte, eles chegaram às 21:00 horas. Se eu estivesse dirigindo, perderia a prova, o emprego e a vida financeiramente tranquila.

Graças aos Anjos da Guarda meus meninos chegaram sãos e salvos, e ao fazer o balanço da situação, fiquei preocupada com meus filhos e pensei: será que vale a pena tudo isso só para não perder o emprego?

Essa situação me fez reavaliar o que de fato eu deveria preservar e a partir de então, nunca mais cometer uma insanidade dessas que poderia ter acabado em algo pior.

ESSES SAPATOS NÃO SÃO MEUS

Sou uma pessoa muito sortuda e agraciada por Deus, pois acontecem coisas inusitadas comigo, tenho uma rotina típica de mulher século XXI, saio de casa às 05:00 e retorno às 00:00h.

Numa dessas manhãs frias, como havia tomado banho depois da meia noite decidi naquela manhã dispensar o banho. Levantei-me, troquei de roupa, lavei o rosto, escovei os dentes, penteei as madeixas, tomei o café, peguei a bolsa, a chave do carro e ops, estava de chinelos!

Voltei ao quarto vi um par de sapatos pretos embaixo da cama. Tirei os chinelos calcei-os. Entrei no carro e rumei para a PUC/SP. Foi difícil encontrar uma vaga nos estacionamentos da rua, nas proximidades da entrada principal.

Tudo estava perfeito, subi as escadarias da PUC e a preguiça impediu-me de subir as rampas até o terceiro andar e a passos lentos, sonolentos me dirigi ao elevador. Assim que ele se abriu e eu entrei e me vi no espelho notei algo de errado em mim, ou melhor, nos meus pés.

Os sapatos eram pretos, porém um tinha a ponta arredondada e o outro tinha a ponte quadrada! O que fazer agora?

O terno preto básico talvez disfarçasse aquele detalhe insignificante. Porém existe detalhe insignificante para mulheres? Pois bem, na sala onde eu estudava, nosso grupo era formado por treze mulheres. O disfarce não seria fácil.

O pior foi que sempre entrava primeiro na sala, mas aquele dia prometia ser dos bons. Quando abri a porta todos estavam na sala e o pior, me aguardando para a aula começar.

Assim que entrei, nossa amada professora Abigail, digo amada porque de fato aquela professora era muito especial para nossa turma e para a instituição. Sentei-me na cadeira habitual, já disposta em círculo e ela logo recebeu-me com um lindo bom dia e perguntou:

__ Tudo bem com você? Está diferente hoje!

Eu sorri e respondi, tentando esconder os pés:

__ Tudo bem, mas não olhem muito para mim hoje, porque não vai dar tempo de voltar para casa e reparar o erro, pois saio daqui e vou direto para a Universidade e só retorno para casa à meia noite!

A reação da sala foi unânime, todas olharam para os meus pés e a gargalhada começou:

__ Como você conseguiu essa façanha?

Comecei a rir e expliquei que peguei o primeiro par de sapatos pretos que vi debaixo da cama.

Mas a interrogação deve ter ficado por muito tempo na cabeça de todos os colegas. Fiquei pensando, quem confunde e pega sapatos errados? Conclusão, somente alguém que vai trocando de sapatos e não os guarda no local adequado. Enfim, naquela manhã tive que ir à lanchonete e ignorar os olhares que naquele dia pareciam estar em mim. A PUC inteira parecia olhar para os meus pés.

Ao terminar a aula fui direto para a universidade e nem me preocupei com os comentários dos colegas professores, pois estavam tão acostumados com as minhas histórias que aquele simples fato de trocar sapatos seria somente mais uma história engraçada para o deleite dos colegas.

O mais curioso é que ninguém percebeu nada! Fui para a sala de aula e pensei: "Agora dancei! Olhei para o pequeno tablado, microfone e uma sala de apenas 97 alunos, nenhum homem, só mulheres!"

Entrei em sala cumprimentei os alunos, coloquei a bolsa sobre a mesa e fui logo escrever um mapa conceitual na lousa. Era aula de Legislação Educacional e eu ia fazer uma retrospectiva histórica do processo de construção da LDBEN (Lei de Diretrizes e Bases da Educação Nacional)

Assim que terminei de escrever, é claro que iria esperar a classe copiar para dar sequencia às explicações. Ocorre que ao me virar para a classe e tentar descer do tablado um espírito de porco começou a gargalhar. A sala toda ficou curiosa e todos olhavam para aquela alma desagregadora.

As gargalhadas me deixaram aturdidas e qualquer movimento meu naquele tablado seria fatal. Foi automática a minha reação, toda a sala olhando para a criatura feliz e risonha e a criatura alegre olhando para os meus pés!

Automaticamente os 96 pares de olhos, ou melhor um total de 194 olhos, em meus pés!

Sendo Assim, antes que 97 bocas começassem a gargalhar eu disse:

__ Se mais alguém der risada, todos sem exceção, todos se encontrarão no exame final!

Claro que eu comecei a rir e a sala toda caiu em risos.

A aula prosseguiu e no horário do cafezinho social, me dirigi à sala dos professores. Foi aí que todos os professores que estavam naquele andar e corredor queriam saber o motivo dos risos. Mal entrei na sala eles perguntaram:

__ O que houve dessa vez, que sua sala estava tão feliz?

Minha resposta foi a seguinte:

__ Meus pés respondem por mim!

Foi estado de graça coletivo e é claro, todos já estavam a postos para ouvir mais uma de minhas histórias.

NEM SEMPRE UM BOM MOTORITA É UM BOM MECÂNICO

Que a verdade seja dita, nem sempre um bom motorista é um bom mecânico e nem sempre um homem entende tudo de carro, também nem sempre um professor homem é mais esperto que uma professora e pra finalizar, a frase "mulher no volante é perigo constante" é a mentira mais cabeluda que já ouvi na minha vida!

Vou explicar o porquê dessas conclusões.

Como já disse em outros textos, sou uma pessoa feliz e agraciada, minha rotina de trabalho e de vida sempre me surpreendem com coisas inusitadas. Isso é fantástico, pois somente eu posso falar sobre esses fatos vividos.

Todas as noites, de segunda à sexta feira, eram recheadas de surpresas, ora no trânsito durante o trajeto de uma instituição para outra e o mais interessante é que cada noite eu estava em um ponto diferente da cidade. Nas segundas-feiras lecionava na Cidade Universitária, às terças na Marquês de São Vicente, imediações da Lapa, na quarta feira, Tatuapé, quinta-feira Chácara Santo

Antonio e pra fechar com chave de ouro, na sexta, Km 12 da Rodovia Anchieta.

Eu amava essa vida de professora universitária e nunca uma noite era igual à outra, muito menos uma turma de alunos igual à outra.

Aquela quarta-feira no Tatuapé foi ótima em todos os sentidos, principalmente no quesito esperteza feminina versus esperteza masculina.

Era sempre uma rotina deixar o carro desengatado e com o freio de mão abaixado no estacionamento da faculdade. Isso ocorria pelo fato de ser uma universidade, muitos cursos, muitos professores, muitos carros e, consequentemente, horários de entrada e saída diferentes.

Isso facilitaria aos seguranças o deslocamento dos carros, para que outro professor pudesse sair sem ter que incomodar o que estivesse em aula para tirar o carro e o outro poder sair.

Naquela noite um fato histórico prestes a acontecer, mudaria completamente o rumo da história da civilização humana masculina e que poria fim, portanto, ao equivocado mito de que mulher no volante é um perigo constante; e outro fato interessante entre a guerra dos sexos e das profissões é que a esperteza das professoras da Pedagogia, superaria a dos professores homens do Curso de Direito. Vamos finalmente aos fatos.

No momento da saída, como havia aplicado prova naquele dia, e ao me dirigir para o estacionamento, percebi que quase todos haviam ido embora, ou seja, apenas dois carros no imenso estacionamento, o meu carro (professora do curso de Pedagogia) e o do nobre colega (professor do Curso de Direito).

Algo estava ocorrendo naquele momento que me causou imensa curiosidade. Observei, observei e não consegui entender o que ocorria com o professor e seu carro, ou com o carro do professor. Por uma fração de segundos, algo passou pela minha cabeça, porém disse para o meu SNC (Sistema Nervoso Central), conversei comigo mesma por telepatia, mas era impossível estar ocorrendo o que eu havia concluído por deduções expressamente lógicas.

Foi difícil associar a cena ao meu pensamento. O professor de Direito com o auxílio de dois alunos, reitero o fato, TODOS OS TRÊS ERAM HOMENS, estavam empurrando o carro, porém não tinha nenhum carro atrapalhando a saída do ilustre colega.

Os três seres másculos, machos alfa, representados pelo Arco do grande Aquiles empurravam o carro para frente e para trás, repetidas vezes. Meus olhos capturaram a cena e meu cérebro não compreendia, ou melhor, se recusava a creditar no meu pensamento.

Fiquei eu a divagar, o que levaria três homens a empurrar um carro para frente e para trás? Seria ensaio para uma peça teatral? Mas o horário e o semblante não denunciavam isso. Seria então um novo número musical, nova coreografia? Estranho, mas não tinha fundo musical. Sendo assim, num rompante de curiosidade, sem hesitar disse aos herdeiros de Adão:

__ Vocês precisam de ajuda?

__ Não, obrigado!

A cena se repetia: empurra para frente, empurra para trás. Não me contive, saí do meu carro e disse:

__ Posso ajudar?

Foi impressionante a autoconfiança do professor, que firmemente respondeu:

__ Não é necessário!

Como sou um espírito inconformado e inspirado no princípio da dúvida, indaguei:

__ Professor, o senhor está tentando fazer o carro pegar? Acredito que posso ajudar!

Sem ter alternativas, o professor respondeu-me afirmativamente com um impetuoso sim. Naquele momento segurei meu lado espírito de porco e mantive a postura altiva de mulher sábia, sem dar indícios de que a situação merecia gargalhadas. Parecia até que meu espírito havia saído do corpo e eu conseguia me ver sentada no chão, rindo feito louca.

A situação era simplesmente inusitada. Assim que ele aceitou minha ajuda, entrei no carro pensando que ele estava ligado e a chave no contato, mas não era isso o que acontecia naquele momento. Dessa forma perguntei:

__ Professor, onde está a chave?

Ele olhou-me e a retirou do bolso. A essas alturas eu estava prestes a explodir de vontade de rir. Entregou-me a chave, eu liguei o carro, engatei a segunda marcha e solicitei aos três mosqueteiros:

__ Podem empurrar!

Nem preciso falar o que aconteceu, não é mesmo? Pois bem, o carro feliz rugia o motor. Desci do carro e disse:

___ Pronto professor, agora o senhor pode dirigir, está tudo ok com seu veículo!

Aquele fato para mim foi o auge da glória feminina das professoras do curso de Pedagogia e eu não via a hora de chegar à próxima quarta-feira para contar às minha compatriotas de trabalho e curso.

Esqueci de citar um fato singelo e discreto, as secretárias e assistentes estavam na guarita do segurança e com olhos ávidos e curiosos observavam a cena. Assim que o professor e os alunos saíram, nem preciso dizer, foi comédia da vida explícita, nós mulheres, seres discretas e unidas olhamos umas para as outras e aí sim, caímos na gargalhada.

Fiquei imaginando que elas se encarregariam de comentar o inusitado acontecido. Na semana seguinte, no mesmo Bat horário e Bat local dirigi-me à sala dos professores e ao entrar, as secretárias me olharam e a segunda temporada do riso começou.

Assim que o professor entrou, nos cumprimentou, assinou o ponto e não quis permanecer na sala, por motivos óbvios. Vocês sabem que as mulheres não são nem um pouco curiosas e os homens, extremamente discretos, nos olhavam, sem saber do que se tratava. Como sempre existe uma curiosa de plantão, logo perguntou:

__ O que aconteceu?

Eu, muito feliz por constatar nossa superioridade feminina, tratei logo de enfeitar e, com ar de suspense, rememorei a cena sem esquecer sequer de nenhum dos pormenores, narrei o fato de forma fidedigna.

Era riso que não acabava mais. O bom disso tudo foi constatar uma verdade absoluta:

"Mulher que é mulher tem medo de barata e sabe fazer um carro pegar no tranco." "E tenho dito!"

HISTÓRIAS DE HOSPITAL II

Às vezes fico pensando que tipo de ser humano sou eu, pois sempre me vem a vontade de rir em situações que na realidade eu deveria chorar aos cântaros. Já parou para pensar se um ser normal ri em velórios, ou então ri na sala de espera de uma UTI e o pior, ri enquanto o próprio pai está em crise de um AVC. Parece ser cruel ou então se tratar de uma mentira, mas é a mais pura verdade.

O problema não é que eu seja uma pessoa má, só não sou parecida com os demais seres normais, isso também não significa que eu seja anormal ou patológica, pois existem outros seres semelhantes a mim, ou seja, a minha irmã.

Vez ou outra, temos essas crises de riso quando estamos juntas, ou até mesmo quando estamos longe uma da outra. O fato é: sou normal e minha irmã também!

O leitor pode pensar que rir em situações que demandam sentimentos de tristezas simboliza maldade por parte de quem ri, porém as coisas que podem acontecer concomitantemente a essas situações é que nos fazem desviar o foco do choro para o riso. Eu ainda não sei definir se isso é sorte ou azar, mas que o riso vem isso é fato. Explicarei mais adiante e tenho a esperança de que o caro leitor me dê razão.

Certa ocasião, recebi no Whats App a mensagem que meu pai não estava bem e que deveria ir direto para a casa dele. Estava em horário de aula quando recebi o recado e mais que depressa arrumei minhas coisas, pedi licença ao professor e fui direto para a casa do meu pai.

Ao chegar em sua casa percebi que ele estava muito debilitado, pensei até que fosse em virtude do calor excessivo. Abri as janelas e logo fui preparar um suco de limão com hortelã. Meu pai resolveu sentar-se na cadeira da área, porém preferiu um isotônico ao suco de limão.

Assim que bebeu, fui fazer alguns serviços domésticos. De repente ouvi um forte barulho e corri em direção ao meu pai, ele havia caído ao chão. Com um esforço grande consegui carregá-lo, colocando-o no carro e corri para o Posto de Saúde.

Meu pai estava tendo uma crise de AVC e foi imediatamente transferido de ambulância para o Hospital Regional de Itapetininga. Na ambulância ele teve crises fortes e eu derramava minhas lágrimas e em pensamento pedia que Deus estivesse conosco naquele momento.

A situação era delicada, mas tive que interromper minhas preces e choro, pois a ambulância estava com problemas mecânicos de corte de combustível e parava a cada 5 quilômetros. Parei o choro e as preces foram direcionadas para a ambulância e o motorista.

Graças a Deus conseguimos chegar sem maiores problemas e meu pai foi socorrido e medicado. Seu lado direito estava quase paralisado e a fala completamente letárgica.

Após horas ele começou a demonstrar sinais de melhora, foi aos poucos recuperando os movimentos, mas a fala continuava incompreensível. Depois a comunicação foi se restabelecendo, porém ele dizia frases desconexas sem sentido algum.

O médico neurologista explicou que ele estava com um quadro de demência em função da idade e que havia acentuado com o AVC. Aquilo me preocupou, pois quando nos referimos ao mal de Alzheimer, pensamos em esquecimento de fatos recentes e lembranças do passado. Mas quando falamos em demência, a primeira coisa que vem a sua cabeça é a loucura, a insensatez.

O quadro era triste, a situação delicada, o ambiente hospitalar, mas o entorno e os personagens daquele hospital não eram nada comuns ou normais. Àquelas alturas nem eu sabia discernir o normal do anormal, tudo aquilo mais se parecia com feira-livre, casa de repouso, sanatório, albergue, saguão de espera de estação de trem da Barra Funda, tudo isso, menos com um Pronto Socorro.

Na sala da enfermaria, ainda aguardando vaga para internação, meu pai teve uma pequena melhora e sua fala já podia ser compreendida, porém me vi no "Inferno de Dante". Na mesma sala da enfermaria masculina, um cidadão aparentemente descompassado gritava "água e café" de 5 em 5 minutos. Aquilo estava uma verdadeira loucura. Foi a partir daí que de triste passei a rir sem parar.

Primeiro, meu pai completamente descompassado começou a rir dos pacientes dizendo que todos ali não batiam bem da cabeça. Ao dizer isso comecei a rir, pois como um descompassado pode criticar o outro, o pior é que ele afirmava categoricamente que aquilo parecia um hospício cheio de gente louca.

Tive que sair um pouco da sala, caso contrário seria linchada por familiares de pacientes, de tanto que eu ria. Ao retornar para a enfermaria, algo me chamou a atenção, um homem estava dormindo, parecia estar "no sono dos justos", fiquei penalizada e condoída com a situação, pois a princípio vi algo em sua coxa que mais se parecia com um enorme tumor. Já estava prestes a fazer uma prece para o cidadão quando, de repente percebi que o tumor não era tumor.

Meu Deus o que era aquilo! Fiquei com raiva por ter sentido pena por um tumor que não era tumor. O leitor deve estar até imaginando que tipo de criatura habitava a coxa da outra criatura, não é mesmo? Pois bem era o que você está pensando, o tumor eram dois pares de testículos com parcos pelos esparsos.

Mal entrei tive que sair para rir novamente, a situação estava evoluindo para comédia ao invés de tragédia. Acredito que nenhum hospital deveria obrigar acompanhante do sexo feminino em enfermaria masculina. Homens dependendo da situação são seres de outro planeta; vocês irão entender o que digo, pois a comédia não parou por aí.

A noite chegara e a madrugada prometia. Tentava eu me concentrar em outras coisas que não fossem os gritos de "café e água", bem como o falso tumor, mas eles não me deixavam. Quando meu pai adormeceu começou a sinfonia de gases, era pum de um lado e do outro, me senti como se estivesse em meio a um tiroteio em morros cariocas não pacificados.

No momento dos supostos tiros, oriundos de supostas metralhadoras já bem avariadas, meu pai acorda e grita:

__ Quem é o nojento, vê se vai peidar na sua casa, vagabundo!

Não deu outra, tive que sair da sala para rir da desgraça alheia e ao retornar pude notar de onde vinham os tiros e qual era a metralhadora avariada. Imaginem vocês, era exatamente do cidadão dono e proprietário exclusivo daquele par de testículos de outro planeta. Se existisse transplante de testículo, juro que brigaria na justiça para aquele cidadão fazer um; se pudesse, eu mesma faria o transplante, pois aquilo que vi chocou-me de tal ponto, que aquela imagem hedionda ainda me assombra.

Voltando para a metralhadora defeituosa, pude notar que o cidadão tinha problemas, pois seu abdômen era acima do normal, o pior de tudo foi associar a metralhadora, o som, o odor, do local de onde saíam. No momento que minha mente insana fez essa constatação, o riso voltou e já não queria mais me deixar. Fiquei pensando e comentei com meu pai:

__ Pai, se depender do tamanho daquela barriga, a noite promete!

Meu pai rindo feito doido responde:

__ Vai ser peido que não acaba mais!

A partir daí o riso tornou-se uma constância na enfermaria, mas é claro, somente eu e meu pai, pois ficávamos rindo o tempo todo.

Ao raiar do dia o cidadão que mais parecia um berrador, tornou a pedir "café e água" e logo em seguida chega uma acompanhante para ele. Porém, a mulher mal chegou e já foi dar uns bordejos pelo corredor; então, me aproximei do berrador e perguntei:

__ O senhor está com sede?

Ele estava com o olhar parado, a boca superaberta e me solta outro berro:

__ ÁGUA! ÁGUA! ÁGUA!

Exatamente nessa sequência, três águas sequenciais com um volume de uns mil decibéis. Apesar dos berros, me predispus a saciar a sede daquele beduíno, peguei um copo e preenchi a metade dele. Assim que fui dar água para o cidadão, com muito cuidado, após cada gole ele vociferava:

__ MAIS, MAIS, MAIS!

Saciei a sede do berrador e assim que a acompanhante retornou, o cidadão teve um acesso de quase engasgamento, entrei em quase pânico e pesei, "serei culpada de um homicídio".

Enfim, ele sobreviveu após os clamores da acompanhante que invocava Deus e toda a sua Congregação de anjos e é claro, eu não serei condenada por tentativa de homicídio. Bom, a história ainda não terminou. Vocês não fazem ideia do tipo de figuras que aparecem do nada em um hospital, pois bem, escutem mais essa.

A acompanhante resolveu dar uma de salvadora de almas hereges e dirigiu-se a um paciente que havia tentado um suicídio, porém mal sucedido. O corte no pescoço e no pulso parecia ter sido feito com faca de passar margarina no pão, fato esse que levou o cidadão à enfermaria do hospital.

Na tentativa de arrebanhar almas, a mulher foi logo acordando o paciente falso suicida perguntando:

__ Mas por que você quis morrerrrrrrr?

O cidadão responde:

__ Purque minha muié não me qué!

Ela insiste:

__ Mas por quê? Você não pode fazer isso não! Deus não se agrada (...)

A conversa foi longa e os sermões também. Acredito que se eu fosse aquele homem, agora sim eu cometeria suicídio, não dava para aguentar o sermão, que não era o da Montanha.

Foi cruel e para finalizar, o berrador sedento aprontou mais uma, ele estava de fraldas descartáveis e de acordo com a sinfonia noturna das metralhadoras paraguaias ou chinesas se o leitor preferir, já dá para deduzir o que havia acontecido, bingo! É isso mesmo, a fralda carecia de troca.

O berrador pôs-se a gritar:

__ Que cheiro de bosssstaaaaaaaa! Fiadapu...., quem cagou em cima de mim?

Confesso, não deu pra segurar, os risos já não me pertenciam, faziam parte do patrimônio cultural do hospital!

E para fechar com chave de ouro aquela manhã, já que a noite foi marcada por gases, tinha que encerrar literalmente com merda. O berrador estava completamente barreado; sendo assim, as enfermeiras queriam saber se o cidadão tinha alguma mala, então perguntaram para a acompanhante:

__ Ele trouxe roupas?

Ela reponde:

__ Não sei, ele é quase um indigente, mora nas ruas, não tem família. Acho que é essa mala aqui!

A acompanhante pegou uma que estava no chão e deu para a enfermeira que por sua vez a abriu. Retirou uma calça de moletom, uma camiseta, uma toalha e uma nécessaire. Imaginem vocês, que um suposto descompassado traz nécessaire, mas não traz cuecas e o pior é saber o que tinha dentro dela!

Vou dar uma dica, o cidadão sofria de transtornos psiquiátricos e não tinha sequer um único dente na boca. Adivinha o que tinha na nécessaire?

Se vocês pensam que era escova e creme dental, lamento informar, mas erraram! Querem que eu conte?

Acho que ninguém iria acertar, então direi:

A enfermeira ao abrir a pequena bolsa, pegou o objeto curioso levantou ao alto, virava para lá e para cá, eu ao ver aquilo, acabei com as poucas forças que me restavam e despenquei em risos naquela enfermaria.

O cidadão trazia consigo um fio dental!

Agora vocês entendem o porquê de eu rir tanto no hospital em meio a crises de AVC do meu pai. Viu só? Não sou tão má como você pensou que eu fosse!

ISSO NÃO É GUARANÁ!

Tem coisas que quando escrevemos, principalmente quando se trata de assuntos e fatos inusitados, nós gostamos de fazer um certo suspense, mas acho que desta vez o suspense não será necessário. Estou certa de que o leitor só pelo título já deve imaginar quem é que estava disfarçado de guaraná. Mesmo assim deixarei a surpresa para depois.

Antes de falar do guaraná, acho melhor falar um pouco das vítimas, que por sinal eram duas professoras. Elas eram ótimas no domínio do conteúdo e na forma de explicá-lo, o único defeitinho é que ambas não eram muito boas em relações interpessoais e não conseguiam cativar os alunos.

Ficavam irritadas com facilidade, acredito que esse fato se dava em função de suas idades e a falta de traquejo com os adolescentes, e diga-se de passagem, são criaturas não celestiais. Quando querem, são anjos e quando não, são simplesmente o oposto de anjinhos.

Certo dia, durante um bate papo, elas conversavam na sala dos professores; estava interessante de se ouvir. Vou contar para o leitor, porém é claro, preciso dar nomes fictícios a elas, vamos chamá-las de Florinda e Chiquinha. A conversa começa com Chiquinha que diz:

__ Florinda está muito calor, vamos comprar um guaraná e deixar na geladeira para tomarmos amanhã quando chegarmos?

__ Claro, Chiquinha! Faz muito calor aqui no morro e amanhã depois dessa caminhada que fazemos todos os dias para chegar até aqui, vai ser ótimo um guaraná geladinho!

Elas estavam animadas para o guaraná do dia seguinte, convém ressaltar que a escola ficava no topo do morro e não passava ônibus no horário em que elas chegavam.

Tudo foi feito conforme o combinado, elas compraram o refrigerante, guardaram na geladeira para o deleite do dia seguinte. O único problema é que a sala dos professores estava no prédio das salas que não eram muito receptivas com as professoras e um espírito de porco resolveu pregar uma peça nelas.

Confesso ao leitor que não é nada fácil ser diretora de uma escola com   aproximadamente quatro mil e trezentos alunos, o prédio era imenso e a comunicação com os inspetores só era possível via rádio e justamente nesse dia do guaraná eu tinha uma reunião de diretores na Diretoria de Ensino na parte da manhã, sendo assim fui até a escola, verifiquei se tinha algum documento urgente que dependia da minha assinatura e fui para a reunião.

Falando em reunião, não tem coisa mais irritante do que um celular tocando em pleno debate de ideias ou explanação de assuntos importantes, por esse motivo, sempre desligava o meu durante as reuniões, pois naquela época o silencioso do aparelho dava para ser ouvido na China.

Após o término da reunião, liguei o aparelho e fiquei preocupadíssima, pois tinha uma série de ligações não atendidas vindas da escola em que trabalhava. Logo em seguida, liguei para lá e para minha surpresa fui informada de que as professoras em questão estavam loucas de ódio.

O leitor pode começar a se desmanchar em riso ou raiva, pois o pior de fato havia acontecido. A secretária informou-me de que alguém havia substituído o guaraná por um líquido da mesma cor, porém de odor diferente, sem gás e sem açúcar, ou seja, substituíram por uma substância de mesmo tom, porém salgada. E a pegadinha ocorreu assim.

As professoras subiram o morro abençoado e estavam exaustas, a única coisa que queriam naquele momento era beber aquele guaraná geladinho que haviam comprado no dia anterior e deixado na geladeira. Assim que chegaram, Florinda diz:

__ Vamos beber nosso guaraná, Chiquinha?

Responde ela toda faceira:

__ Sim Florinda, coloca num copo para mim!

Florinda toda alegre e sedenta enche os dois copos e ao levar a boca e dar o primeiro gole diz:

__ Nossa Chiquinha, este guaraná está choco!

Chiquinha toma um gole e diz:

__ Credo, está estragado!

Florinda insiste no erro e, ao tomar o segundo gole e atentar para o odor da solução líquida disfarçada de guaraná, grita cuspindo o suposto refrigerante:

__ Que nojo, isso é mijo!

A amiga solidária chora e diz:

__ Nós bebemos isso, e agora? Vamos pegar a doença de quem mijou em nossa garrafa!

Pois bem, meus caros leitores, foi exatamente assim que a secretária narrou os fatos, mas o pior estava por vir, pois quando soube da sacanagem tive crise de risos e estava receosa em ter essa crise na frente das professoras.

Quando cheguei à escola fui direto para a secretaria e assim que olhei para o rosto da secretária, ri até passar mal. A funcionária alertou-me que eu tinha que me concentrar, pois as professoras estavam me aguardando para resolver o assunto e, é claro, eu era a diretora e tinha que me manter séria, com ar de espanto com o tal ato.

Mas isso não aconteceu, eu não conseguia mais parar de rir. Só tinha uma solução para eu não rir, ou seja, tinha que estar com muita raiva e de preferência sentir algum cheiro insuportável e beber algo de que não gostasse para me concentrar no sabor e odor, e não rir.

Se você está pensando que eu bebi o conteúdo da garrafa se enganou, fiz algo inusitado, mas que para mim foi terrível. Peguei uma xícara de café frio e amargo, foi num só gole, na sequência perguntei quem tinha cigarro, pedi um.

Evidentemente eu não sabia fumar, portanto necessitava de apoio técnico.

A funcionária me disse que eu deveria segurar o máximo de fumaça possível na boca e fazer de conta que estava levando um susto e engolir tudo de uma vez. Foi isso que fiz e quase morri engasgada com aquela fumaça toda que se espalhou pela minha corrente sanguínea até então virgem.

Fiquei com tanta raiva com a fumaça, o engasgamento, o odor nem um pouco discretamente fétido. Após isso, já estava em condições de falar com as professoras sem dar uma só risada.

A tentativa foi válida, porém inútil, pois quando percebi as canelinhas das professoras descendo a escadaria comecei a rir feito louca. Corri até a minha sala, me fechei ali na tentativa de me concentrar, mas era humanamente impossível.

Não dava mais para enrolar, tive que abrir a sala e ser forte, desejei naquele momento ser homem, pois acredito que os homens conseguem ser mais fortes em uma situação como essa. Assim que abri a porta e olhei para ambas, me concentrei e as recebi, porém ao ouvir a história novamente e constatar que elas só identificaram o conteúdo após o segundo gole, não dava para aguentar. Comecei a ficar roxa, preta, vermelha, azul, arco íris e pedi licença para ir ao banheiro. Ali disparei mais alguns risos na tentativa de esvaziar minha mente da vontade de rir.

Infelizmente não estava conseguindo. Retornei e prendi um pouco a respiração e continuei a ouvir aquela história grotesca. Assim que terminou a terapia de grupo, o desabafo, a professora diz o seguinte:

__ Eu exijo que a senhora faça teste de DNA, quero descobrir quem foi o infame que fez isso conosco!

Respondi quase preta de vontade de rir:

__ Professora, são mais de trezentos professores, uns trinta funcionários e 4.380 alunos para fazer DNA e descobrir quem foi o "mijão"!

__ Não importa! Eu exijo!

Respondi sem rir:

__ Não sou autoridade policial para solicitar isso! Se não houve crime, provavelmente nenhum delegado irá expor quase cinco mil pessoas a teste de DNA!

As professoras estavam tão revoltadas que nada do que dissesse naquele momento resolveria o problema, sendo assim propus que fizéssemos um Boletim de Ocorrência e a polícia iria orientar no que fazer.

Fomos todos à delegacia e ao falar e expor ao delegado os fatos, por incrível que pareça, o delegado riu e eu despenquei em risos. Tive que sair da sala para me recompor.

Ao retornar à sala do delegado ouvi o seguinte:

__ Quero e tenho direito de exigir um teste de DNA!

__ Infelizmente não existe essa possibilidade, não houve crime!

__ Isso é crime, sim! E se eu estiver contaminada com HIV?

__ Então a senhora pode se dirigir ao hospital mais próximo e solicitar exame de sangue. Caso o resultado seja positivo para algum tipo de doença infectocontagiosa, a senhora retorna e nós vamos iniciar as investigações.

__ Mas eu quero fazer um Boletim de Ocorrência!

__ Sem problemas, vamos fazer!

E assim terminamos o caso do guaraná que não era guaraná, mas confesso que até hoje só ao lembrar o fato eu dou risadas, o pior foi ter que retornar ao trabalho, olhar para o rosto das pessoas e ficar séria. Foi difícil e essa tarefa eu não dei conta, todas as vezes só em olhar o livro de ponto das professoras eu dava risada e quando olhava para elas, cumprimentava e corria para a minha sala para rir baixinho.

RISADAS IMPRÓPRIAS

Certa ocasião, ouvi dizer que quem ri bastante não tem rugas e demora para envelhecer, se isso realmente for verdade então ficarei para a posteridade, pois meu trabalho, minha profissão e as situações inusitadas e irreverentes que vivencio são de fato uma verdadeira comédia da vida privada e da vida coletiva.

Me peguei em algumas situações em que não deveria rir, tanto em função da própria situação como em função do cargo ocupado ou até mesmo do local, pelo simples fato se ser um templo religioso.

Imaginem vocês leitores, uma professora rir fora de hora e uma diretora rir no momento de dar uma carraspana, uma espinafrada em uma sala de aula inteira, orientar uma classe sobre "o não rir do colega" e ela, no entanto, não controlar o próprio riso, ou então uma mulher religiosa rir no momento do relato de um suposto milagre. Enfim, acho que não nasci para situações que demandam broncas.

Vamos aos fatos por ordem cronológica: por volta de 1987, estava eu em sala circulando de fileira em fileira orientando alunos e sanando dúvidas quando de repente um grande estrondo se ouviu, tratava-se de um trovão anunciando a chuva que estava por vir.

O céu parecia desabar e podia se ouvir o barulho das águas pelas calçadas e valetas de escoamento de águas pluviais no entorno das salas de aula. Nesse exato momento um odor simplesmente horrível pairava no ar, pensei eu se tratar da água do esgoto sendo espalhada pela chuva. Solicitei que a fileira ao lado da janela afastasse as carteiras, pois o odor estava insuportável.

A chuva foi diminuindo e o cheiro aumentando, até que de repente uma aluna se aproximou e pediu autorização para ir ao banheiro. Percebi que a origem do odor estava na pequena e reparei que sua roupa estava completamente suja. Os alunos ao perceberem que a coleguinha havia feito o número dois nas calças começaram a rir em coro. Mais que depressa chamei a inspetora e pedi gentilmente que auxiliasse a aluna e telefonasse para sua mãe.

Os alunos estavam rindo e eu fiquei brava com toda a sala, tratei então logo de dar aquele sermão moralista que todo o professor sabe fazer magistralmente, dizendo:

___ Que desagradável, vocês rirem de um colega! Isso pode acontecer a qualquer um de nós! O aluno que der risadas da colega quando ela retornar, vai ser suspenso por uma semana!

A sala ficou num silencio sepulcral, pois naquela época só a ameaça de assinar o famigerado livro negro assombrava os alunos. Ao ver aquele silêncio maravilhoso, senti-me satisfeita! Todos haviam entendido o recado, exceto um, ou seja, eu.

Quando a aluna retornou à sala, já tomada banho e limpa, os alunos me olhavam todos muito bem comportados com aquele ar de medo de soltar qualquer sinal de riso; porém eu não aguentei o silêncio e o rompi com risos que não paravam mais. Nos alunos, nem sinal de riso em seus rostinhos, a situação ficava cada vez mais constrangedora para a aluna. A inspetora não sabia o porquê das minhas risadas e o silêncio sepulcral dos alunos.

Eu simplesmente ria aos cântaros e em virtude da total impossibilidade em controlá-los pedi que a inspetora levasse a aluna para casa; esta, por sua vez, não estava entendendo nada, muito menos a classe. A aluna foi para casa e eu não conseguia parar de rir, cheguei até a chorar, acabando por fim em chamar a atenção de outros professores que saíram das suas salas e vieram ao meu encontro para saber o motivo do riso.

Expliquei aos nobres colegas o que havia acontecido e eles foram solidários rindo comigo, não pela desgraça alheia e sim pela minha insensatez em rir fora de hora. Consegui me recompor, voltei para a sala e pedi desculpas para os alunos, explicando que eu havia achado engraçada a situação, ou seja, todos quietinhos olhando para a colega e a concentração que tiveram para não rir. Isso fez com que eu disparasse no riso. Depois da explicação, a classe toda riu e eu reiterei o pedido de não rirmos da colega pelo fato ocorrido. É claro que alertei também que, quando ocorresse algo engraçado e não pudéssemos rir, era para ninguém olhar para mim, caso contrário não conseguiria ficar séria.

A segunda gargalhada imprópria eu já estava como diretora de uma escola, que por sinal tinha muitos alunos criativos e engraçados que faziam piada de tudo, era a famosa 7ª série B do período da tarde. Não entendo por que os professores reclamavam tanto deles, pois quase todos os dias solicitavam a minha presença naquela classe.

Certo dia, fui chamada para dar aquele famoso sermão moral na classe, porém ao entrar, juntamente com o vice-diretor, deparei-me com uma situação no mínimo curiosa. Bravamente tentei resistir, confesso, porém aquilo ia além da minha compreensão.

Ao entrar na sala levei um baita susto, vi uma cena no mínimo estranha. A sala estava em silêncio, os alunos estavam sentados fazendo as atividades e o professor, destoava da cena. Fiquei pensando o que haveria de errado com os alunos que estavam tão sérios mediante o cenário! Vou descrever ao leitor o que vi.

Os alunos estavam devidamente comportados e o professor em trajes grotescos! Imaginem o cenário e nem era carnaval e não estávamos no Havaí; o professor vestia uma camisa toda florida, um paletó laranja (estilo Falcão) só faltava um girassol na lapela. Usava óculos modelo Zé Bonitinho e seus cabelos estilo anos 50, sobrecarregados de brilhantina.

Confesso que resisti bravamente à situação; sendo assim, sem entender o porquê do professor exigir minha presença, fui logo perguntando para a classe:

__ O que está acontecendo com essa sala? Será que vocês não conseguem ficar um dia da semana sem levar broncas?

Em meio ao silêncio uma aluna levanta a mão e diz:

__ Será que aluno tem voz nessa escola?

Respondi democraticamente que sim. A aluna insiste com o dedo em riste para o professor:

__ Acontece que este cidadão perguntou para a classe, qual era a religião de todos e nós respondemos!

Fiquei sem entender e disse:

__ Sim, mas qual o problema nessa pergunta?

__ O problema é que nós queremos saber qual é a religião dele e ele não quer falar!

Nesses termos então perguntei ao professor, em trajes alegóricos:

__ Professor, qual é a sua religião?

Ele respondeu-me:

__ Sou evangélico católico!

Mediante a resposta a aluna interpolou dizendo:

__ Para mim, esse professor é macumbeiro!

Não deu outra, disparei em gargalhadas e a classe me acompanhou! O professor me olhava com raiva, o vice-diretor sério, mas a diretora e os alunos choravam de rir. Em ato de revolta, o professor pegou seu material e foi embora, o vice acompanhou-o e eu fique com os alunos rindo por longos minutos.

Assim que consegui conter o riso, disse aos alunos:

__ Gente, olha o que vocês fizeram comigo! Não me comportei como devia. Eu tinha que dar broncas e acabei estragando tudo!

A aluna responsável pela catástrofe disse:

__ Está vendo só D. Vana, nem a senhora que é diretora aguentou, imagina nós que somos alunos! Isso são trajes que se usam para dar aula? E essa é resposta que se dê pra aluno?

Infelizmente eles tinham razão; sendo assim, reafirmei:

__ Vamos fazer um pacto? Vocês são muito engraçados e os professores muito velhos, não entendem a sala! É muito mais fácil vocês entenderem a situação do que eles. Façamos o seguinte: sempre que houver problemas, o representante de classe vem até a minha sala trazendo a queixa de todos, não posso vir aqui para dar bronca porque não vou conseguir, certamente cairei na gargalhada e não posso tirar a autoridade do professor, não fica bem para uma diretora rir com os alunos. E assim tentamos resolver o problema.

A sala concordou e depois desse episódio nunca mais fui solicitada para interferir em qualquer problema da sala, porém todas as vezes que encontrava com algum aluno daquela sétima série, cumprimentava-o e sorria.

A outra risada imprópria foi na igreja durante o espaço reservado aos fiéis para contar as bênçãos recebidas ou os milagres alcançados. Tudo estava ocorrendo na mais santa paz. Quando foi aberto o espaço, aquela noite prometia, pessoas desprovidas do bom senso começaram a se dirigir aos microfones para iniciarem seus relatos. A primeira delas relatou sonhos noturnos, a segunda o barulho e o incômodo dos vizinhos, a terceira resolveu falar do que sonhou e a quarta nem sei mais o que disse. Após a sessão de relatos subjetivos, um cidadão que havia entrado ali pela primeira vez, por dedução lógica também se dirigiu ao microfone e antes de contar o milagre ou santo tratou de ajeitar as calças beges que estavam caindo, na tentativa de ocultar as ceroulas vermelhas que estavam à mostra. Em seguida, retirou um pente azul e ajeitou seus parcos cabelos, pegou um pequeno espelho, olhou, guardou novamente no bolso e disse:

__ Estou aqui hoje para contar que acabou o gás lá em casa!

Proferiu essas palavras e sentou-se. Mediante tal situação, é claro, eu fui a única em uma igreja lotada que estava rindo feito doida. Para piorar a situação, o condutor dos trabalhos religiosos disse que o diabo havia se manifestado para tirar a paz da igreja!

Ao ouvir tamanho impropério, a risada não queria me deixar e todos me olhavam com ar de reprovação! O cidadão da ceroula vermelha, pente azul e espelho delicado nem me fale, coitado! A igreja parecia ver um par de chifres no topo de sua cabeça quase sem cabelos.

O leitor deve estar pensando "essa mulher não é normal," mas garanto a todos que sou, pois

nunca mordi ninguém e também nunca rasguei
dinheiro!

O PASTOR DISSE QUE É MACUMBA

Somos de uma família razoavelmente grande e eclética em todos os sentidos, estado de humor, cognição, grau de estudos, comportamento e é claro, espírito de porco. Particularmente eu e minha irmã somos gêmeas no quesito humor e criatividade. Embora ela insista em dizer que eu sou a mentora intelectual das "artes", insisto que ela ganha de mim. Temos um pequeno problema, quando nos juntamos, as ideias brotam feito lavas de vulcão, ou então água de cano estourado. O fato é, só em olhar uma para outra, nossos pensamentos convergem e pensamos sempre as mesmas coisas; sendo assim, partimos para a prática do que pensamos, em equipe.

Certa ocasião, nosso irmão acabava de casar e sair em lua de mel. O coitado estava lascado, pois ao casar havia ganhado de contrapeso, uma sogra que ninguém merece. Imaginem vocês conviverem com um ser humano que vê maldade em tudo, que vê o tinhoso em tudo. A mulher havia ultrapassado os limites da beatice.

Assim que irmão e cunhada saíram em viagem, eu e minha irmã tivemos uma ideia brilhante: pregar uma peça na sogra do nosso irmão! Como a mulher via a coisa ruim em tudo e se pelava de medo de despacho, tivemos uma ideia que talvez a deixasse mais calma para que pudesse aceitar os noivos depois da lua de mel.

Só não me recordo de qual mente torpe partiu a ideia do despacho, mas estávamos em perfeita sintonia, parece que falávamos por telepatia. A ideia foi a seguinte; íamos confeccionar um capetinha e enviar um bilhete para a sogra, na tentativa de dar um "pequeno sustinho" na beata.

Partimos então para mais uma de nossas obras de arte, pegamos papel sulfite, tesoura, garfo de bolo de aniversário, dentes de alho e tudo o mais que pudesse servir para a elaboração de uma obra de arte digna de admiração e elogios.

Mãos à obra, começamos pelo garfo de bolo dos antigos, aqueles de madeira que mais parecem dois chifres. O garfo nos inspirou a fazer um lindo capetinha, então colamos nele dois belos olhos, pusemos dois pequenos dentes de alho para simular as nádegas do capetinha. Fizemos uma capinha vermelha bem bonita para ele e finalmente nosso bonequinho estava pronto, mas onde colocá-lo?

Foi aí que a ideia brotou! Vamos crucificá-lo! Pois bem, pregamos o dito cujo de cabeça para baixo na cruz e escrevemos o nome da sogra dessa forma: fulana, nos encontraremos nos quintos dos infernos! Não usamos lápis e nem caneta, achamos que ficaria mais bonitinho escrever com batom vermelho e assim foi feito.

Ao término da obra de arte, precisávamos fazer a entrega em domicílio. Foi um belo teatro, nós duas com o auxílio de uma amiga, pegamos lençóis brancos, colocamos de turbante e após a derradeira hora saímos para pregar a peça. Chegamos ao local e colocamos na caixa de correio.

Assim que chegamos em casa, fizemos o pacto de não contar para ninguém e quando nosso irmão e cunhada chegassem de viagem, nós duas não ficaríamos perto uma da outra caso nossa cunhada fosse comentar o ocorrido, pois sabíamos que se estivéssemos perto uma da outra, iríamos nos auto denunciar.

O casal volta de viagem e, alguns dias depois, nossa cunhada chega para nós duas e diz:

___ Nossa, vocês nem imaginam o que fizeram com a minha mãe!

Com aquele ar de inocente que Deus nos deu, perguntamos:

__ O que houve de tão sério?

É claro que estávamos já trincando de vontade de rir, mas bravamente resistimos. Então continua nossa cunhada:

__ Fizeram macumba para minha mãe!

A essas alturas tive que me retirar do recinto para rir longe delas e não deixar que minha irmã perdesse a concentração. A cunhada porém, continua:

__ A vizinha fez um trabalho muito forte e muito bem feito para minha mãe.

Eu estava do lado de fora rindo baixinho e ouvindo o relato sobre o despacho que não era despacho. Ouvi minha irmã dizer:

__ Mas como sua mãe sabe que foi a vizinha?

Ela responde:

__ Minha mãe pegou aquela macumba e levou para a igreja!

__ Sério? O que disseram na igreja?

__ O pastor disse que era macumba e que o trabalho havia sido bem feito!

__ E o que o pastor fez?

__ Ah, ele está fazendo uma campanha de sete dias para rebater o mal!

Minha irmã em estado de graça e muita seriedade responde:

__ Nossa que coisa, não!

Assim que minha cunhada saiu, nós duas rimos até chorar, mas uma coisa é certa, ou seja, o pastor estava parcialmente correto, o trabalho havia sido bem feito, muito bem elaborado, porém não era macumba!

ESPÍRITO DE PESQUISADORA OU DE PORCO?

Nunca tive dúvidas quanto à escolha da minha profissão, mas já reavaliei exaustivamente minha condição humana, minha existência e minha estadia nesse planeta. Às vezes chego a pensar que não sou desse lugar, me sinto fora de sintonia, parece que não combino bem com certos cenários e acontecimentos.

Minha capacidade de reagir a determinados acontecimentos foge um pouco do que padronizaram como dito normal. Não me sinto diferente, porém acredito que certas coisas é que estão fora do lugar, sendo assim inicio com um breve poema que talvez retrate um recorte da minha personalidade:

"Sou uma alma inquieta, um espírito inconformado, uma matéria dominada pelo princípio da dúvida. Não me satisfaço com uma única resposta. Busco o oculto, me aventuro no inexplicável. Meu pensamento não se prende à ignorância. A justiça me fortalece, a escravidão do espírito me incomoda. Acordo livre todas as manhãs e adormeço na mais complexa solidão."

(In: Lembranças: primeiras poesias 14/10/13 23H49).

Tomando como base o escrito acima, sou uma ré confessa e revelarei aos leitores meus atos praticados em início de carreira, porém solicito do nobre leitor que guarde segredo e seja discreto com o que irei revelar. Fui aluna do antigo curso do Magistério e todas as minhas professoras de psicologia e didática sempre afirmavam em uma só voz: "toda criança, filha de pais separados tem dificuldades em aprender."

Essa frase sempre me intrigou, pois tinha amigas superinteligentes e que os pais eram separados, com um detalhe: nós éramos todas de classe social mediana para pobre.

Durante as atividades de estágio, sempre ouvia dos professores, "aquela aluninha coitada, tem tanta dificuldade em aprender! Judiação, seus pais são separados." Ocorre que durante o horário de intervalo, na minha época conhecido como recreio, essas crianças brincavam, corriam como qualquer criança normal.

Estava disposta a tirar a prova disso e tinha uma ideia fixa em mente, "assim que me formar professora e tiver uma sala fixa, vou verificar se esse fato realmente é verdadeiro".

O tempo passou, e dois anos antes de me formar professora, fui batizada no magistério com uma sala denominada G.A.S, (Grupo de Apoio Suplementar), era uma sala de reforço para alunos com dificuldades de alfabetização e cálculo. Fiquei feliz da vida, pois já poderia iniciar o meu ingresso como professora pesquisadora e analisar se de fato crianças filhas de pais separados tinham problemas de aprendizagem.

No primeiro dia de aula nos apresentamos e algo parecia estar errado, pois daquele grupo de 16 alunos a maioria tinha os pais separados. O que contrariava todas as teses ouvidas no curso e nos estágios, provando, portanto, que minha hipótese sobre o assunto estava correta. Durante aquele ano, esse grupo de alunos se saiu muito bem, retornou para a classe, já sem dificuldades e outros grupos foram formados.

A parte boa disso tudo foi constatar que a dificuldade era uma consequência e não causa, e o divórcio, separação também eram uma consequência, sendo assim já estava descartada a hipótese de causa e efeito para divórcio e dificuldade de aprendizagem.

Os anos foram passando, novos professores passaram a fazer parte da equipe docente e novos laços de amizade foram se formando. Tínhamos uma equipe excelente, dificilmente quem passava por nossas mãos terminaria o ano letivo sem estar alfabetizado.

Nosso grupo todos os anos se organizava para decidir quem ficaria com cada série, independente de ordem de classificação e pontuação. Nossa equipe sabia quem era melhor em quê e assim os alunos não sofriam para aprender, porém nem tudo é perfeito!

Eu e uma amiga, que éramos simplesmente opostas, tínhamos as mesmas indagações. Ela era sempre muito séria, um pouco mais velha que eu, dificilmente achava graça nas minhas atitudes adolescentes, (tinha 19 anos e já exercia a docência há 3). Acrescento o fato de que essa minha amiga era uns 3 anos mais nova que minha mãe. Talvez isso justifique a seriedade estampada em seu rosto.

Nosso ponto em comum residia na questão da origem das Dificuldades de Aprendizagem, posto que já tinha uma teoria de que a origem não estava na separação ou divórcio dos pais. Essa minha amiga também comungava comigo desse mesmo princípio de dúvida.

Decidimos fazer uma pesquisa mais apurada, posto que a parcela de 16 alunos, estatisticamente falando não era representativa, muito menos passível de generalizações. Em conversa particular, nós duas resolvemos reunir uma sala com alunos filhos de pais casados ou que coabitavam sob o mesmo teto e outra sala com alunos filhos de pais separados.

O leitor deve estar com uma imensa interrogação na cabeça e pensativo, "quem foi o superior hierárquico que autorizou uma coisa dessas?" Pois bem, nem diretor, vice-diretor ou coordenador pedagógico sabiam desse nosso intento. Naquela época, os professores tinham autonomia na organização das turmas, que geralmente era feita com base nos estágios da aprendizagem. A rede pública estava a passos lentos quanto à formação de classes heterogêneas.

Minha amiga ficaria com a sala dos alunos de pais casados e eu ficaria com os alunos de casamentos desfeitos. A decisão foi tomada, as classes foram montadas e o planejamento anual de ensino era o mesmo para ambas as salas. Combinamos de nunca comentarmos com a direção, com o corpo docente ou quem quer que seja, pois jamais seria visto com bons olhos.

O ano letivo foi transcorrendo de maneira tranquila, os alunos estavam aprendendo sem maiores complicações, a prova de 1º bimestre foi aplicada e nossos alunos tiveram um bom aproveitamento. Após as provas fizemos a nossa primeira reunião de pais, foi nesse dia que nós duas não contávamos com o fator surpresa. Curiosamente, uma parcela razoável de mães da minha sala percebeu que eram mulheres divorciadas ou separadas, entrei em quase pânico, como eu iria explicar essa coincidência, que não era por acaso?

Antes que a constatação fosse estendida aos demais pais, tratei logo de desviar o assunto, mas o coração saltitava de quase medo. Enfim, o assunto não se estendeu e eu estava a salvo, pelo menos por enquanto.

Os bimestres transcorreram normalmente e ano letivo finalmente havia chegado ao fim; sendo assim, minha amiga e eu sentamos na sala dos professores e fomos comparar as notas e rendimentos dos nossos alunos. Para o nosso deleite, os alunos de pais separados haviam tido um rendimento melhor. Dessa forma, concluímos que a didática do professor exerce papel preponderante na aprendizagem, o aluno pode até ter dificuldades, porém o professor tem que saber ensinar.

Foi essa a nossa constatação, porém nunca foi divulgada ou publicada por razões óbvias. Qual o comitê de ética que aprovaria tal pesquisa? Certamente nenhum. E o pior, nós duas seríamos crucificadas por toda uma comunidade de pesquisadores e nosso suicídio acadêmico teria sido inevitável.

Porém a curiosidade não parou por aí, vocês fazem ideia do que essa minha amiga andou observando e qual proposta de pesquisa ela me fez? Vou dizer a proposta, porém não direi o nome da amiga, nem sob tortura. Vamos aos fatos.

Ao término do ano letivo no período de formação das classes ela me vem com a seguinte observação:

__ Sabe, eu andei observando alguns alunos e pude constatar que todos os que têm a cabeça grande parecida com a de Drummond, são muito inteligentes! O que você acha de montarmos uma sala com alunos de cabeça grande?

Diante de tal proposta eu ri foi muito e respondi:

__ Quase fui descoberta na primeira reunião de pais, imagina as mães e os alunos perceberem que todos os cabeçudos estão na mesma classe? Será o fim da nossa carreira no magistério! Seremos banidas por discriminação!

É claro que não nos atrevemos a cometer tal insanidade, mas que tivemos vontade tivemos sim e ainda fiz uma descoberta sobre essa amiga, tive a certeza de que ela era muito séria, porém muito que provavelmente era fã de Jimmy Newton.

TRAVESSURAS EM H.T.P.C

(Horário de Trabalho Pedagógico Coletivo)

Já disse que sou extremamente normal, as coisas é que estão fora do lugar e me sinto no dever de arrumá-las; digo isso porque depois de tantas confissões preciso encerrar este livro sem deixar dúvidas ao leitor, quanto a minha sanidade mental. Embora tenha a consciência de que quando o leitor chegar ao final deste livro, ele mesmo tirará suas conclusões sobre ser ou não normal, pois essa quase derradeira narrativa denuncia traços da minha imperfeição humana.

Para quem não conhece, a Rede Pública Estadual de Ensino inclui na carga horária dos professores um horário destinado para estudos em grupo com o nome de Horário de Trabalho Pedagógico Coletivo. Para professores que têm o cérebro hiperativo como eu e minha amiga, vão compreender o quão difícil é ficar sentada em torno de uma mesa de reunião sem poder sair e tomar uma aguinha básica.

Nossa coordenadora pedagógica tinha por hábito durante suas explanações no HTPC tirar os sapatos e circular descalça na sala dos professores. Certa reunião eu e minha amiga Ellen olhamos para aquele par de saltos e sorrimos uma para a outra, nossos olhares conversavam mesmo contra a nossa vontade. Todas as vezes que eles se cruzavam pode ter certeza que uma ideia brilhante passava ao mesmo tempo em nossas mentes criadoras.

Nesse dia em especial, quando vimos os saltos, só mexemos os olhos e já sabíamos qual era a brincadeira do dia. Como eu estava sentada próxima aos sapatos, mais que depressa entendi o que os olhos da minha amiga queriam. Eles me fitaram e disseram:

___ Lemes, passa esses sapatos para mim!

Assim que passei um sapato para debaixo da mesa, perto da minha amiga, meus olhos disseram para ela:

___ Ellen, saia sorrateiramente e esconda em um lugar bem difícil!

Nossos olhares mantinham uma sintonia perfeita, e foi exatamente isso que fizemos, sem necessitar sequer emitir qualquer som ou gesto.

Assim que minha amiga retornou tivemos aquela sensação de dever cumprido e permanecemos compenetradas na reunião. Ao seu término, fomos embora e, no dia seguinte, soubemos por terceiros que o sapato fora encontrado dependurado no teto do banheiro masculino.

Nessa mesma escola, é claro sempre em parceria com essa minha amiga, resolvemos pregar peça em uma colega após termos acesso a uma fotografia tirada por um divulgador de fotos. Esse fotógrafo tirou foto da escola toda, incluindo alunos e professores e a foto de nossa colega estava diferente, pois o chapéu não havia lhe caído muito bem, ficando parecido com chapéu de cangaceiro.

Assim que olhamos juntas para a foto, iniciamos um diálogo por telepatia, minha amiga dizia em seu olhar:

__ Lemes, vamos fazer uma obra de arte com essa foto?

Prontamente meu cérebro respondeu:

__ Estou a postos, vamos criar!

E assim, o processo de produção artística teve seu início; pegamos uma cartolina, colamos o retrato e fizemos algumas observações que diziam o seguinte:

"Procura-se: Cangaceira do grupo de Lampião, estava ao lado de Maria Bonita quando fora cortada a orelha de uma pobre coitada que olhou sem querer para Lampião. Foi vista pela última vez nas imediações dessa escola disfarçada de professora."

Assim que a obra ficou pronta, em questão de uns 5 minutos, nós duas colocamos aquele cartaz bem feito no mural da sala dos professores e fomos cada uma para as suas respectivas salas de aula lecionar.

O interessante foi a colega notar falta do seu retrato, pois a escola toda havia recebido, menos ela é claro. Não sei por que, mas ela foi direto para a minha sala de aula, bateu na porta, abriu, pediu licença e entrou dizendo:

__ Si, o que você e a Ellen fizeram com a minha foto?

Respondi seriamente:

__ Palavra de bruxa! Não sei do que você está falando!

Em seguida ela foi para a sala da minha amiga e deve ter feito a mesma pergunta e, muito provavelmente, minha amiga tenha dado a mesma resposta. Assim que bateu o sinal para o intervalo, nós duas nos reencontramos e já começamos a dar gargalhadas. Demoramos um pouco, antes de entrar na sala dos professores para poder dar tempo da nossa colega achar a foto e os demais professores apreciarem o nosso trabalho.

Ao entrar na sala fomos recebidas com muitos risos e por um olhar inquisidor da nossa colega que dizia assim:

__ Quer dizer que vocês não sabem do que se trata, não é mesmo?

Para variar, tudo acabou com muitos risos e é claro, a dupla criativa já se preparava para um próximo round.

De todas que aprontamos naquela escola, incluindo fazer caricaturas de colegas e espalhar pelos murais da escola, teve uma que fechamos com chave de ouro, pois foi o mico do ano. Os HTPCs já haviam se tornado muito cansativos e certa ocasião decidimos por não ficar. Em nossa vã filosofia de professoras de 18 anos, acreditamos piamente que poderíamos cabular a reunião da mesma forma que um dia cabulamos aula. Essa foi a pior decisão da nossa carreira de bagunças saudáveis.

Decidimos sair sorrateiramente pelo portão do estacionamento, pois aquele dia não dava para aguentar o blá, blá, blá de sempre. Para nossa surpresa, já estávamos gargalhando de mais essa galhofa quando de repente ao abrirmos o portão, imaginem só quem é que encontramos? Bingo, a diretora da escola que por sua vez nos disse:

___ O que é que essas duas meninas estão fazendo aqui fora no horário de reunião?

Sem ter desculpas para dar, começamos a rir e respondemos:

___ D. Nice, nós não queremos ficar, vamos embora!

Vocês não fazem ideia do mico gigante que pagamos, ela simplesmente nos pegou pelo braço e disse:

___ Vocês não vão cabular HTPC não! Vão voltar comigo!

E assim foi o que sucedeu, tivemos que voltar com a cara de imbuia, jacarandá, (já que tem quer ser cara de pau, que seja uma de qualidade) para a sala dos professores, onde fomos recebidas a gargalhadas. Naquele dia a reunião parecia não acabar e nós duas, para variar, passamos o tempo rindo de tudo e de todos, concentração e estudos que era bom ficou para outro dia.

P.P.P

O titulo parece sugestivo não é mesmo? O leitor deve estar imaginando: será Partido das Professoras Peraltas, ou então Partido dos Professores Proletários, talvez até Partido dos Professores Pobres. Pois bem, se pensou em partido político ou algo do gênero errou feio, o titulo significa "Praga de Pobre Pega".

Muitas vezes me questiono sobre as diferenças básicas entre o rico e o pobre e acabei chegando à conclusão que não é o dinheiro em si. Basta você observar e verá que não estou enganada. Pergunta para o pobre do que ele mais gosta e faça a mesma pergunta para o rico, você terá diferentes respostas, é claro.

Provavelmente o rico responderá que gosta de viagens, shoppings, roupas caras, sapatos da moda, joias, dentre outras coisas, suas respostas estarão relacionadas a tudo o que o dinheiro possa comprar, bem como o prazer que poderá lhe proporcionar.

Ao fazer a mesma pergunta para o pobre você obterá resposta semelhante, ou seja, ele vai responder que gosta de batata frita, cachorro quente, de churros todo melecado com doce de leite, ovo frito de gema mole junto com arroz branco e salada de tomate.

Percebeu agora onde reside a diferença? Pois é meu caro leitor, ambos gostam do que o dinheiro pode proporcionar, porém o rico gosta de bens materiais e passeios e o pobre de comida, comida e mais comida.

Passei por uma experiência sobre essa questão quando cursava o magistério por volta de 1984. Fui estudar em um colégio simplesmente enorme, dava para se esconder naquela escola e ninguém acharia. Para achar alguém por ali, certamente iria necessitar de um cão farejador. Tinha muitas árvores, muitas salas e muitos corredores, dava para ficar escondido ali por horas.

Foi justamente nessa escola que conheci uma menina rica e iniciamos uma amizade. Éramos um pequeno grupo de quatro amigas; andávamos sempre em quatro, porém em duplas, eu e minha amiga de ensino primário e a outra amiga com a amiga de primário também. Morávamos em bairros diferentes, eu e minha amiga em um bem mais pobre é claro, e as outras duas em outro mais centralizado.

Certo dia, precisamos nos reunir para fazer um trabalho em grupo e é claro, a amiga rica ofereceu sua casa para a reunião e ainda acrescentou:

___ Meninas, levem toalha e biquíni para nadarem na piscina!

Ficamos contentes e assim ela diz:

__ O lanche será cachorro quente!

Foi uma alegria total, imaginem só, num dia de semana você ser convidada para passar um dia todo numa casa com piscina e passar o dia comendo cachorro quente e tomando refrigerante?

É tudo o que adolescente pobre gosta! A essas alturas você já deve imaginar a qual grupo eu pertencia, não é mesmo? Bingo! Acertou! Efetivamente fazia parte da plebe.

A essas alturas estávamos muito felizes, ríamos e o sorriso ficava estampado no rosto, porém aquele famigerado ditado popular que diz que alegria de pobre dura pouco, realmente é verdadeiro; mal iniciou a comemoração e lá vem bomba. Olha só o que a amiga rica diz:

__ Eu entro com a casa, a piscina e as salsichas, vocês vão trazer o pão e o refrigerante, certo?

Acabamos concordando, eu e minha amiga levamos o refrigerante e a outra levou os pães. Ao chegarmos à chácara da amiga rica, colocamos os refrigerantes na mesa e nos dirigimos à sala para os estudos e organização do trabalho e é claro, a empregada da casa foi preparar os lanches.

Estudamos, pesquisamos, fizemos os cartazes e por fim ensaiamos a fala de cada componente do grupo. A essas alturas estávamos com fome e a colega nos chamou para o lanche, tudo estava perfeito até então. Ela nos chamou para a piscina e nos fez esperar meia hora antes de pularmos na água com a velha desculpa da digestão do lanche. Aguardamos a meia hora e depois fomos à forra na água quentinha da piscina.

Estava muito bom para ser verdade! Após a farra na piscina, ela nos chamou para fazer a última revisão do trabalho e a divisão das falas e, em seguida, chamou para a segunda rodada de cachorro quente na cozinha. A empregada já havia feito os lanches, então comemos o delicioso cachorro quente. Mas o pior estava por vir. Ao comermos o segundo cachorro quente percebemos que havia acabado o pão, estávamos em quatro e só foi levado dez pães. Vocês fazem ideia do que aconteceu? Pois bem, vou contar.

O leitor já deve ter ouvido falar na Revolta da Chibata, Revolta das Emboadas, Revolta dos Estudantes, dentre outras revoltas. Então agora vai conhecer A Revolta das Amigas Pobres.

Olha só o que a "dita cuja" nos disse quando percebeu que não daria para dividir caridosamente e irmãmente o cachorro quente:

__ Bom, já que só tem dois pães e sobrou muita salsicha, vou comer sozinha, quem mandou trazer pouco pão?

Essa foi de doer, aquele monte de salsicha sobrando e a amiga rica desprovida de alma comeu bem na nossa frente. Imaginem a cena, três ficam assistindo a uma pessoa comendo sozinha um montão de salsichas. Isso é crime!

Se eu pudesse alterar o Código Penal Brasileiro acrescentaria que "Comer salsicha na frente de pobre e não repartir é crime hediondo, sem direito a fiança".

Depois desse episódio constatamos os seguintes pontos:

1. Alegria de pobre dura pouco;

2. Pobre ama repetir cachorro quente;

3. Amiga rica deveria comer até explodir!

4. Amiga rica muquirana tinha que falir.

5. Toda amiga rica tem que ser gorda e caolha;

6. Amiga rica tem que morrer solteirona sem conhecer a luxúria;

7. Amiga rica tem que ser guilhotinada;

8. Amiga rica deve viver em masmorra;

9. Amiga rica merece prisão perpétua;

10. Amiga rica deve ter verruga na ponta do nariz, calo no calcanhar e ter chulé.

Finalmente, nossa amizade nunca mais foi a mesma e também nunca mais aceitamos fazer trabalho na casa dela. Para finalizar, vingança do pobre funciona, na verdade não foi vingança, o fato é que: Praga de Pobre Pega!

Na hora de apresentar o trabalho em grupo, ela gaguejou e nós três falamos corretamente, tiramos dez e ela oito. Agora diz pra mim se praga de pobre não funciona?

No momento dos comentários da professora ficou evidente a nossa satisfação, foi uma pena a nossa revolta conhecida como A Revolta das Amigas Pobres não entrar para os livros de história.

P.P.P.G

É isso mesmo que você pensou: "Praga de Pobre Pega e Gruda"!

A praga não parou por aí, isso porque eu só pensei, imagina se tivesse feito um bom trabalho de despacho, rsrs. Depois do episódio do cachorro quente ela até que tentou se redimir e em um aniversário nos convidou para comemorar no Mc Donalds. O lanche do momento era o Big Mac e é claro, a aniversariante pagaria.

Fiquei preocupada e meu instinto Sherlock Holms logo entrou em ação, fiquei pensando: será que deu tempo de combinar com o vendedor e colocar chumbinho no nosso lanche? Será que tem cicuta no refrigerante? Pelo menos se tivesse cicuta morreria feliz, pois além de comer o lanche do momento, morreria em grande estilo como Sócrates.

Pensei: ai que maldade! Ela não faria isso conosco, ou será que faria? E se ainda estivesse com raiva pela nota? Tudo bem, pobre arrisca a sorte e encara o perigo! Fomos felizes e famintas ao Mc Donalds e por incrível que possa parecer, o dia foi perfeito e ninguém passou mal, ela até perguntou se queríamos repetir.

Diz um certo ditado que quando a esmola é muita, o santo até desconfia e foi isso mesmo que pensamos: "o que será que ela iria pedir em troca", mas vocês sabem, pobre faz qualquer coisa por cachorro quente e por lanche do Mc Donalds. Os dias se passaram e a fatura do aniversário chegou. Ela soube que eu estava com parcos recursos então não titubeou e disse:

__ No meu aniversário, paguei lanche para vocês; por que você não paga para todas nós, hoje?

Amiga rica e muquirana ninguém merece! Disse a ela o seguinte:

__ Você sabe que o meu dinheiro não dá para pagar para todas!

Sabem o que a infame respondeu?

__ Tudo bem, eu vou com a Tanira e pago só para ela!

Mas que maldade, meu dinheiro mal pagaria as batatas fritas. Decidi então convidar a outra amiga, e juntas irmos lanchar nas Lojas Americanas, pois o hambúrguer de lá era mais barato.

Cada dupla prosseguiu o seu caminho e apesar de dar a impressão que fiquei com inveja, não fiquei não, acho que não! Tá bom, fiquei só um pouquinho que nem dava para perceber.

Após o lanche fomos ao ponto de ônibus e nem percebemos que as duas já tinham embarcados no mesmo ônibus. Sentamos dois bancos à frente delas e a fofoca começou. Falamos tanto mal dela sem nos darmos conta de que ela estava atrás de nós. Quando chegou próximo do ponto em que ela ia descer, percebemos a "M...." feita, mas não dava para voltar atrás.

No dia seguinte, o olhar de "quero revanche", nos assombrava e ficamos pensando em como ela se vingaria, mas tudo estava calmo demais que dava até medo. Os dias foram se passando e nada de réplica, tréplica ou algo do gênero, estava até pensando que ela havia se convertido a alguma seita religiosa.

Ao invés do revide ela ficou mais amiga da Tanira e tudo que ia fazer, onde iria passear, qual lanche caro comprar, só convidava a Tanira bem na nossa frente, ou seja, deixou bem claro: "aos amigos tudo, aos inimigos pena capital" e foi assim que sucedeu, guloseimas e lanches caros, só as duas comiam. Eu e a outra amiga ficávamos na saudade.

Certo dia, ela convidou novamente e disse:

__ Vocês querem lanchar no Mc com a gente?

Antes que déssemos a resposta ela continuou:

__ Que pena! Meu dinheiro só da pra mim e pra Tanira comermos e repetirmos o Big Mac!

Já disse no texto anterior que amiga rica tinha que falir, mas agora acrescento, "tinha que passar fome também". As duas foram se esbaldar no Mc e nós duas ficamos com as lombrigas pulando pelos olhos.

Não havia o que se fazer, então nos conformamos com nossa condição social. Dizem que ao pensarmos canalizamos energia e isso é verdade, pois na hora de irmos embora, as duas estavam de barriga cheia e cansadas, nós estávamos descansadas, porém famintas. No momento de irmos ao ponto de ônibus, percebemos que estávamos atrasadas, saímos em disparada, obviamente a amiga rica, mais gordinha com o bucho cheio não tinha forças para correr.

O motorista nos viu correndo e naquele dia acho que ficou penalizado conosco e nos esperou. Ao chegarmos, ponto pedimos para ele esperar só mais um pouquinho para dar tempo da egoísta chegar. No momento em que chegou, acho que o peso dos Big Macs que comeu era tanto que ela não conseguia subir o degrau, sendo assim eu com o auxílio da amiga empurramos a dita cuja pelas nádegas.

A cena foi cinematográfica, fizemos força de um lado e a amiga rica e gorda também fez, acho que o leitor já deve imaginar o que aconteceu! Contarei, porém tentarei poetizar para que eternizemos a cena!

Eis que de repente, não mais que de repente, vagarosamente surge a muquirana, que por sua vez, esforçava-se heroicamente para subir os degraus, porém seus esforços eram em vão. Nós, humildes vassalos, fazíamos um esforço Hercúleo para a empurrarmos ônibus adentro. Naquele esforço colossal de ambos os lados, um barulho se ouviu ao longe, um odor discretamente fétido se sentiu no ar.

__Óh, céus, será um trovão? Estrondo de um canhão em atividade? Foi deflagrada a III Guerra Mundial?

Nem um e nem outro, era um baita pum dos infernos que a muquirana havia soltado e naquele momento num tranco de susto ela entrou no ônibus e nós duas caímos de tanto rir.

Assim ficou claro para nós e para ela que praga de pobre realmente pega e ainda gruda. Daquele dia em diante nossas vidas nunca mais foram as mesmas, porém continuamos amigas e aprendemos mais uma: "amiga rica e muquirana é peidorreira."

PPPGA

Nossas histórias dariam um imenso romance, e se as grandes obras literárias não tivessem sido queimadas na biblioteca de Alexandria, tenho certeza de que o segundo livro de Profecias de Nostradamus teria alguns capítulos fazendo menção à Praga de Pobre e obviamente nós quatro seríamos personagens protagonistas da obra.

Vou matar a curiosidade de você, meu caro leitor, e revelar o significado do título, "Praga de Pobre Pega, Gruda e Assombra", isso mesmo, vocês não fazem ideia dos fatos que se sucederam após o dia "D", isso mesmo, o Dia do Cachorro Quente. Como já disse em texto anterior, nós continuamos amigas, mantínhamos contato, porém cada qual seguiu sua vida de acordo com suas escolhas.

É claro que as amigas Pobres retornaram para o colégio da periferia e a amiga rica continuou no colégio de elite. Como era de se esperar as três menos favorecidas concluíram o magistério e a rica também, porém com ressalvas, ou seja, as quatro se formaram professoras, mas nem todas exerceram a profissão.

Esse episódio nos fez constatar mais um ditado popular: "Errar é humano, persistir no erro é burrice". Ao terminarmos o magistério eu era a única que já exercia a profissão docente e assim que todas se formaram, as duas amigas se inscreveram para lecionar na mesma escola em que eu era professora, mas a amiga que ficou no outro colégio nunca quis exercer a profissão em virtude dos parcos salários, a Tanira nos primeiros meses de exercício da docência percebeu que aquilo não era para ela e resolveu ser secretária.

Embora insistíssemos muito, ela foi irredutível, não queria exercer a profissão, pois não tinha paciência e nem queria educar crianças, muitas das vezes rebeldes e sem limites.

Restaram minha amiga e eu trabalhando feito mouras, porém felizes, ríamos feito loucas que nem podíamos olhar uma para o rosto da outra, pois sempre achávamos graça de tudo e de todos e se a situação não fosse cômica, nós fazíamos ser.

Bom, a Tanira foi realizar o sonho de ser secretária, a Rê foi estudar psicologia e nós duas fomos realizar nosso sonho de transformar o mundo. Acreditávamos piamente no poder transformador da educação e lá fomos nós, fazer pedagogia. O curioso nessa história de errar é humano e persistir no erro é burrice, foi que nós ainda nos graduamos e pós-graduamos no bendito erro, depois de concluirmos o magistério, nos graduamos em pedagogia e ainda fomos fazer pós em Psicopedagogia.

Fala sério! O que será que tínhamos em nossa cabeça? Caca eu sei que não era, talvez cérebros no mínimo interessantes, mas algo é certo, éramos felizes com nossas vidas e escolhas. Nossas salas de aula ficavam no mesmo corredor e não víamos a hora de chegar o horário do recreio para conversarmos e dar risadas, sempre tinha algo engraçado que acontecia em nossas classes com nossos alunos para socializarmos e darmos boas risadas.

O tempo foi transcorrendo, a Tanira feliz de um lado, a Rê fazendo psicologia e sonhando em montar sua clínica e as sonhadoras lecionando felizes como nunca. Certa ocasião, após a conclusão da graduação, soubemos que a amiga rica estava montando sua clínica particular, pensei sem a menor unha de inveja: "Não é que a danada se deu bem!". Dou a minha palavra ao leitor que nem pensava mais nas pragas, porém algo curioso se sucedeu, ela não conseguia nenhum cliente.

O curioso é que seu consultório, além de moderno e com todo o material e equipamento de testes padronizados de primeira linha, a localização da clínica favorecia o tipo de clientela de classe alta e mesmo assim nada de cliente.

Cheguei a pensar que filho de rico não tinha problemas, muito menos precisaria de terapia ou acompanhamento psicológico e mais, acreditava que eram todos muito bem comportados.

Porém, certo dia apareceu um garoto em seu consultório que era muito rebelde na escola e a professora havia encaminhado para avaliação psicológica. Esse fato foi um divisor de águas na vida da nossa amiga, que mudaria completamente o destino, sua profissão e ainda nos fez recordar que Praga de Pobre Pega, Gruda e Assombra.

Assim que o pequeno infante entrou no consultório e o diálogo estava fluindo, o pequeno ser de uns 6 anos de idade se levantou e chutou a canela da nossa amiga psicóloga. Ela parece até hoje não ter superado o trauma da bicuda na canela, simplesmente fechou sua clínica e não mais exerceu a profissão.

Demos muitas risadas ao saber do ocorrido, pois ficávamos imaginando a cena, ela toda educada e delicada de um lado e o garoto rebelde e agressivo do outro, bem como a cena do pontapé. Mas após as risadas costumeiras ficamos muito tristes, pois não imaginávamos que ela fosse desistir assim com o surgimento do primeiro obstáculo.

Para nós duas que continuamos exercendo a profissão docente, uma explosão de raiva de um aluno era algo corriqueiro, porém contornávamos com maestria essas situações do cotidiano e nossos alunos não nos agrediam como foi o caso dela, ser agredida por um paciente.

Entre mortos e feridos todas nós sobrevivemos e ainda não é que a danada se deu bem? Ela foi a primeira do grupo a tirar habilitação e a primeira a ganhar um carro, se não me falha a memória ela dirigia um Fiat Uno, carro de quem tinha dinheiro naquela época, depois minha amiga começou a dirigir a Brasília do pai dela, eu pilotava um Passat azul marinho velho pra chuchu e a Tanira andava a pé ou de ônibus.

No final das contas o balanço foi o seguinte, das quatro professoras, duas se mantiveram na profissão, enquanto a Tanira decidiu ser secretária, a outra amiga ficou desiludida como psicóloga e nós duas nos divertíamos com nossos alunos e colegas de profissão. Minha amiga é assistente de direção na escola onde estudei o Ensino Fundamental e eu sou professora universitária. Ainda acreditamos que a educação é o único passaporte para a tão sonhada transformação da sociedade!